《佛山情书》主创团队◎著

佛山情书

南方日报出版社
NANFANG DAILY PRESS
中国·广州

前言

想不到吧？这是一座如此有情的城市

佛山，未必一见钟情。

远看这座城市，她是一座制造业之城，她的产品在每个细微的角落影响着我们的生活；走近这座城市，她又化身为岭南意蕴的水乡，东华里的砖瓦，祖庙的红墙……让你不知不觉地陶醉在静谧的古树荫下。

佛山，不言不语，把最好的馈赠给每一个值得温柔以待的人。她愿意化为一本恋爱手账，记录有情人在佛山的城市恋爱足迹——挑选了初识者第一个想到的约会地点，为你揣摩各种口味，带他吃遍美食，无论寄情山水抑或膜拜武林高手，佛山总能有最好的安排；日子渐久，两个人想要岁月静好的相守，可以拿着这本书，走走童年的街巷村落，流连四季风光，花前月下，在良辰佳节的熙攘人群里牵手并行，穿越千年仍在默默守候……

想在佛山做点什么都可以，吃碗双皮奶，听一曲粤剧，捏个陶瓷公仔，选一家咖啡馆发呆。即使是一个人，只要你来，就会有最暖心的一处，让你调慢频率，找回小日子。

佛山就像你总会遇到的那个人，在最合适的时间，在最恰当的心情，相牵相留，眉目相对。

这一场岭南的宿醉，不期而遇，长情不醒，厮守终生……

C O N T E N T S

C O N T

066—095
第 4 章

万人空巷　我牵你手

096—117
第 5 章

从前有座山　山里藏着佛

E N T S

C O N T

170—189
第 9 章

一起回到小时候

190—209
第 10 章

街头巷口等你

210—225
第 11 章

查笃撑　风靡百年的佛山好声音

E N T S

也许不是一见钟情的城市，却是可以厮守终生的地方

第 1 章
CHAPTER

李蕴 摄

到祖庙听故事
在岭南天地
谈恋爱

原来你也在这里

第一次
约你来佛山
“看祖庙”，是最堂皇的理由
目光在青砖灰塑上闪烁
我要说的故事，你未曾听过
穿越了 1000 年
下午 3 点钟的太阳
穿过道路两旁细密葱郁的紫荆花树
空气微凉
岭南天地的裙摆飘然
如亭亭玉立的荷花茎
人在景中，人亦景

没有祖庙，佛山也就不是佛山了。
来佛山，第一站也必然是祖庙了。
作为佛山地胆，不会说这三个古仔（故事）怎么招待朋友。

祖庙：你不能不知道的三个古仔

北宋元丰年间（1078—1085年），在岭南水乡腹地，一位工匠沿着河边打下“祖堂”的第一根木桩。接下来的近千年间，这座建筑历经20多次重修和扩建，最终“修炼”成代表佛山古代最高民间艺术水平的祖庙。

“额的神：北帝”

说到佛山祖庙，不能不提一位神——北帝。可以说，他才是祖庙的主人，所掌握的独门秘籍是掌管天下之水。这对于河网密布、临水而居的佛山来说，实在太重要了。北宋时期的佛山，已是岭南著名的冶铁中心，属于“火地”，大部分从事冶炼业的百姓也希望北帝的“水德”来防范火灾，保佑安全生产。于是，佛山人就建起了这一座北帝庙，名叫“龙翥祠”，用于民间祭祀。

“拜佛劏羊”

大约400年后，有一天，一道圣旨飞来，佛山祖庙从一座民间祠堂，变成明朝皇室的御赐官祠。这里又不得不提一个人——南海人黄萧养。这个相貌平平，一只眼睛似乎还是瞎的年轻人，因为“盗嫌”入狱被判死罪，不想坐以待毙的他，联合19名囚犯逃狱流落海上，沿途招兵买马，发动了一场历时10个月、席卷珠三角、震动明朝廷的民间起义。

黄萧养的队伍最多时有 10 万人，提出的口号是“拜佛（山）劏（宰）羊（城）”，一边围攻广州，一边把进攻矛头对准有钱、有铁又有“战略要地”之称的佛山堡，近千艘船只在汾江布阵，摆出志在必得的架势。

忠义佛山人

在生死存亡的危急关头，以佛山乡绅梁广为首的 22 位忠义人士，组成临时自救力量。他们跪求北帝庇佑，动员乡亲父老，仅一天就准备好器械、食物，并在周围十多里地挖好壕沟。交战时，前方勇敢抗击，而栅栏内民众办起秋色，造出一片歌舞升平的景象，用“兵不厌诈”之计，最终击退起义军。

佛山人是有勇有谋的。他们将抗击胜利的功绩归于北帝。在一些民间记载中，他们说交战时北帝显灵，成群飞鸟从栅栏里飞出来，在起义军的战船上盘旋；一群群蚊子从北帝庙里飞出，聚集在起义军上空，像旗帜一样……乡绅们将种种北帝显灵的事迹上奏朝廷，请求为祖庙封典。

抗战胜利的国家奖励，是佛山赐名“忠义乡”，祖庙赐名“灵应祠”。

故宫都卖萌了，带人玩祖庙不能总板着一副老夫子的面孔呀，记住这个——

两句话总结祖庙的正确玩法

在广东，以“祖庙”为名的庙宇遍布各地，但没有哪一座像佛山祖庙那样，担得起“东方民间艺术之宫”的美誉。朋友一进门看到九龙壁、麒麟瑞兽，可能就被镇住了，你千万要卖个关子：“这还不是精华。”

核心精华区在一堵红墙后面，一片古建筑群里。民俗专家说了，游祖庙必须抬起头，才能看到最精美的三雕两塑(砖雕、木雕、石雕，陶塑、灰塑）。

活动一下颈椎吧，抬头看屋顶上方的陶塑瓦脊。祖庙古建筑群现存6条陶塑瓦脊，最大的三门瓦脊，长31.7米，高1.7米，被誉为“花脊之王”，是清光绪二十五年（1899年）祖庙大修时由石湾文如璧店制作的。正、背两面共塑有各式人物约300个，你可以玩玩猜一猜，哪是“姜子牙封神”，哪是“联吴抗曹”。屋檐上，

工艺展销中心

高超的工艺随处可见，大名鼎鼎的就是灰塑了。最常被举例解说的是“桃园三结义”，在锦香池与灵应殿之间的崇敬门内侧顶部，现已成了失落的工艺。

对了，把头稍稍低一下，还要看看纯手工艺术品。比如祖庙内最轻的物件——20 尊高达 2 米的天兵元帅神像，就只有几匹麻布及一些油漆的重量。还有放置在正殿左右两旁的 72 件北帝出巡兵器仪仗，是国家二级文物，至今已有上百年历史，全国独此一套。木雕神案、直径 1.31 米的巨型铜镜、大型铜鼎铜钟和香炉，也千万别走宝。

总结下来，逛祖庙只要记住这组两个姿势：天上观瓦脊，地上看神兵。心中念北帝，一生保太平。OK，你的祖庙游览及格了。

TIPS

佛山祖庙：位于佛山禅城区祖庙路 21 号，始建于北宋元丰年间（1078—1085 年），明洪武五年（1372 年）重修，至清代初年逐渐成为一座体系完整的庙宇建筑。现为国家级重点文物保护单位。

门票：20 元 / 人（60 岁以上半价）

开放时间：8：30—18：00

生成一洞天
湧出三尊地

心还在祖庙瓦脊上才子佳人的故事上荡漾着？是不是有些乏了？跨过一道门，穿越到这片天地，谈天说地笑笑聊聊……

岭南天地

岭南天地 供图

岭南天地，永不过时的美人尖尖

旧城改造之前的岭南天地，时常让我想到《橘子红了》里的秀禾，穿着裙褂，梳着旗头，裹着小脚，婉约中藏着神秘，多数时间都是静静地待着，等待欣赏她的人走近，倾听，倾心于她，似乎时间忘记了流逝。

2010 年后，岭南天地似乎在一夜之间换了一身最时尚的霓裳款款而来。酒吧的鸡尾酒调好了，一店一样的美食铺开起来了，星巴克、Costa 等一大批咖啡馆如潮水涌来，一波波男神女神，神采飞扬地穿梭在老街区各个街巷中；一扇扇半开的趟栊门里，老人午睡的摇椅悄然隐身，优雅的咖啡师登场，娴熟的手起落间，在杯里拉出了一朵朵花；老街昏黄的灯光曾把寂寥拉得很长，而现在每个角落都渗透着音乐；老街像学会了看电影、跳交谊舞的秀禾一样开启了后现代生活。

林福江 摄

骨子里的她依旧古韵悠然。骑楼、镬耳墙、趟栊门容颜未老，只是换了个姿态；简氏别墅、酒行会馆、嫁娶屋修缮后，宛如韩剧里的女主角，做个发型换上晚礼服，一出场，就惊艳了众人的目光。而你的专属女主角，梨涡星眼，在岭南天地的光影中一圈圈地晕开了笑靥。

有个闺蜜，每到一座城市都会在星巴克买个城市杯，当自己的城市有了一家岭南味儿的“星爸爸”时，她死忠地粉上这份“古典风流”味道。房檐下听雨，倚靠趟栊门叹咖啡，一个捕梦的下午……

粤语小灶

叹：粤语有享受之意。

趟栊门里，叹杯星巴克

爱喝咖啡的人都绕不开“星爸爸”，他一点都不端着架子，亲和得到哪儿都“入乡随俗”。这里“入乡随俗”是个褒义词。如果他一味执着美式风格的装修，倒不是很讨喜了，尤其是在岭南天地这个文化派面前。

他也如岭南天地其他小店一样，灵魂住在这些有着几百年历史的老屋里，一楼略狭窄，只容得几张桌子，通往二楼的木制楼梯，高跟鞋踩上去噔噔噔地响。二楼的灯，是清朝宫廷灯的式样，阴天的下午开起来，晕染着昏黄，靠窗一排的三张木质桌椅，厚重得每次都要拿出健身时举铁的力气才能挪动。

午后，通常是这里最安静的时候，咖啡的香气会爬上楼梯。在这样的日子里，坐在窗边，总会恍惚身在何处，思绪溜溜地穿越了。

更多的时候，我总会觉得他似是上个世纪初的那种文人，满腹经纶，语通四海，穿长衫，但却跳交谊舞，嗯，脑补了林语堂的形象。嗯，总之，这里的“星爸爸”绝非其他地方的复刻，他很“岭南”。

嘘！

别外传，这是我的私人清单

答应我，请女朋友在岭南天地大快朵颐之时，不要说什么减肥话题。

Summer House

在岭南天地一众酒吧当中，Summer House走的是时髦的“性冷淡”风，黑白色桌椅，极简主义搭配华丽丽的水晶灯，瞬间高大上。最爱的是它的白啤，入口清冽，没有啤酒的苦涩，非常适合女性饮用。这里的酒吧走的都是安静文艺的清吧路线，基本上没有摇滚重金属的音乐。

翡翠拉面小笼包

这里的包子价格不菲，一笼30多元。不过味道杠杠的。咬一口，汁香四溢。最爱的还有葱油小面，感觉可以和汪涵做的媲美（虽然我并未品过汪涵出品的），还有喜欢的凉拌木耳……

宝莲纳

肉食动物的话，极力推荐这一家。德国香肠非常好吃，比萨也是薄脆型。晚上三五朋友约上，点一盘德国香肠，配上德国啤酒真心爽。

小山

我的私家餐厅榜单必选。某年从日本回来后就四处寻找鳗鱼饭，试了大大小小无数家日本料理店，他家的最棒。鳗鱼嫩滑，汤汁香醇；寿司也极好吃。还要推荐一下它饭后送的一小杯咖啡，入口回甘，有炭烤咖啡的香味留在舌尖，简直比专业咖啡厅的还要棒。

- ☐ 找到灰塑“桃园三结义”，与它呼应的那条灰塑是什么？
- ☐ 祖庙供的是哪个帝？
- ☐ 岭南新天地的星巴克，你点的是什么杯？
- ☐ 请上传两张自拍照，背景须有趟栊门

通关秘籍

盖个章 打个卡

盖个章 打个卡

第 2 章 CHAPTER

吃货的梦想
“钻窿钻罅”揾美食

感情都是一顿一顿吃出来的，
让他在佛山不想走、走不动……
这章是神器。

七言·致吃货

凤爪干蒸伦教糕，鱼生云吞水晶包
蒸猪炒粉双皮奶，再加两笼鲜虾饺

说起顺德的美食“正唔正点”，我这么给大家说吧，来顺德才一年，我吃胖了 20 斤，嘴巴根本停不下来。

顺德美食，我先吃为敬

言归正传，说到吃，大家可能知道“食在广州”，下一句“厨出凤城”却鲜有人知。这里的“凤城”，指的就是顺德，是“烹饪之乡”和“粤菜之源”。2014 年，顺德被联合国教科文组织授予“世界美食之都”称号，这是继成都之后我国第二个获此殊荣的城市。话说，广州都还没评上呢。

顺德菜在粤菜中独树一帜，以“清、鲜、爽、嫩、滑、真”为特色，“五滋”（香、松、脆、肥、浓）、“六味”（酸、甜、苦、咸、辣、鲜）俱佳，金牌菜、特色菜一百多道。

顺德人烹鱼能有一百多种做法，蒸鱼火候恰好得令你惊叹。我最喜欢的就是油盐蒸鱼，两个字，鲜美！顺德人能把牛奶炒成软滑的小山形，把整只大猪蒸得香喷喷的，顺德人吃肉要细分出你从没听说过的部位来，吃火锅只需清水，食材放里面一灼就好吃得不得了。

除此之外，顺德点心以制作精细、外形雅致、松脆可口为特色，

粤语小灶

钻窿钻罅：窿是洞，罅是缝隙，这个词的意思是找遍各种门路、钻进街头巷尾地找某样东西。

揾：寻找。

正唔正点：品质好不好，在此的意思是东西好不好吃。

顺德人光是一条鲮鱼就有 180 种不同的做法，如远近驰名的煎鲮鱼饼。

“大头华”烧鹅的瓦瓮表面温度达约 200℃，经过大瓦瓮烧烤约 1 小时后，烧鹅变得皮脆肉滑。

双皮奶等11种名特小吃入选“中华名小吃”。来到顺德不吃一碗“双皮奶”，就好比去了北京“不登长城非好汉”。

其实，美味的背后强烈地折射出顺德丰富的美食文化底蕴。顺德地处珠三角，优越的自然资源使得顺德人懂得热爱生活。顺德每于喜庆年节，都会举行气氛热烈的宴会，丰富多彩、规模盛大的乡间群众性餐饮集会，更是顺德的一道独特风景。

多说无益，你还是有空来顺德先吃为敬吧！

顺德版《报菜名》简版

伦教的伦教糕、羊额烧鹅、羊额狗仔鸭；大良炒牛奶、双皮奶、野鸡卷；勒流菊花水蛇羹、黄连烧鹅；陈村的陈村粉；乐从鱼腐；龙江集北水蛇粥、煎堆、东头村烧肉；杏坛八宝酿鲮鱼、河鲜；均安鱼饼、均安蒸猪；容桂四基猪肝粥、穗香围大头菜；北滘碧江虾仔云吞……

TIPS

顺德酒肆遍地，说不准推荐去哪家比较好。现在网络这么发达，许多美食APP都有点评，所以你们可以去问百度或者大众点评，但是一定记得吃顺德的鱼，什么做法都可以尝试一下。当然，顺德最好吃的酒家，大都是隐藏在田野河边或民宅里的私房菜，如果你有顺德本地的朋友，恭喜你有口福了，建议你来顺德吃上个十天八天。

顺德人吃鱼，多加一份调料，都是对鱼的不尊重。
那么问题来了，怎么吃鱼才算尊重鱼呢？
顺德人给出的答案是——生吃！

顺德人对鱼说：我尊重你，所以要生吃你

顺德是盛产鱼的地方，顺德人自然变着法子吃鱼。清蒸，煎焗，焖鱼，火锅……在火上折腾完了，开始尝试新花样——吃鱼生，味蕾突然发现了新大陆，也成就了顺德人吃鱼的最高境界。

一盘美味的鱼生，在食材的选取上就不能将就，顺德鱼生一般以两斤左右的淡水鱼为主，做鱼生之前的一周放在12℃的泉水中饿养，以消耗其体内脂肪，令鱼紧实、甘、爽。

被吃掉之前还要瘦身减肥一下，求鱼儿的心理阴影面积。

在吃鱼生的店里，制作的时候“即点，即杀，即切，即食”，追求的是一个“鲜”字。而在鱼的运输、宰杀到放血、切片、摆盘、蘸料上，

处处都有门道。比如说，给鱼放血很重要，放干净了鱼血，可以防范血中的寄生虫，切出来的鱼片才能显得晶莹剔透；鱼生切片要薄如蝉翼，才能把鱼刺剔除干净；厨师还要一边切一边吸干水分。鱼片上有水分，说明功夫还不到家。

顺德鱼生蘸料有十几种，蒜片、葱姜丝、花生油是杀菌的，花生碎、炸芋丝、芝麻是香口的，洋葱丝、酱泡指天椒、酸甜藠头是去腥的，当然还少不了盐和酱油。你可以把各种蘸料进行混搭，调制出自己喜欢的味道。鱼生与蘸料混着吃，那种美妙啊，等你来了让鱼生亲自告诉你吧！

顺德鱼生既是一道美味，同时又有着丰富的寓意。把各种佐料和鱼肉混合的过程叫“捞起”，在粤语里“捞”有收获、得到的意思，俗语说“一捞金、二捞银、三捞四捞事事顺”。所以每至春天，广东众多酒楼食肆都会推出一道以鱼生为主料的菜，谓之“风生水起”。

央视里的顺德菜：哦，冰山一角！

请问吃货们，你们是从哪里了解到顺德美食的？央视的纪录片？哦，那还只是冰山一角。

顺德美食近几年开始闻名吃货界，央视送出了不少助攻。2012 年，央视纪录片《舌尖上的中国》第五集“厨房的秘密”让均安蒸猪火了一把。但顺德本地的吃货界代表都认为，均安蒸猪并不能代表顺德美食的精华。

于是乎，2016 年 5 月 1 日前后，另一部比《舌尖上的中国》更好吃……哦，不对，是更好看的央视纪录片《寻味顺德》在央视纪录片频道播出了。三集的纪录片里呈现

出近 40 种顺德美食，让屏幕前的全国吃货们纷纷表示“舔屏舔到嘴抽筋”。

猪杂粥、无骨鱼、桑拿鸡、桑拿鱼、黄金鲩鱼生、凉拌鱼皮、清蒸鱼、炒牛奶、鱼汤柚皮、菊花水蛇羹、鱼面、毋米粥、陈村粉、烧鹅……这些典型的顺德菜，都出现在央视纪录片《寻味顺德》的镜头里。

话说，《寻味顺德》播出以后，我的微信消息提醒一时间频繁起来，几乎都是在问：“顺德菜真的有这么好吃吗？”我心想，隔着屏幕说食物好不好吃，似乎没有说服力，于是我就统一回复了一句话：“俗话说，抓住了你的胃，就抓住了你的人。我被顺德征服了，一年多胖 20 斤。”

不过，说实话，以我这个初级吃货这几年积累的经验来说，出现在央视镜头里的顺德美食，都是大家耳熟能详的“典型”菜式，用本地一位朋友的话说：“哦，那只是顺德美食的冰山一角。”

既然冰山一角都这么令人惊叹，你还只是抱着屏幕干舔吗？

TIPS

央视纪录片里的顺德美食，大都是典型的顺德菜。你要问我有什么美食攻略，我建议你先去看三遍央视的纪录片《寻味顺德》，你肯定会扶着墙出顺德的。

留点肚子，除了顺德，还有好多吃的

联合国一言不合就把顺德列为“美食之都”，把周边小伙伴都搞得压力很大，感觉离开顺德只能吃白粥馒头。其实，顺德美食就如皇冠上那鸽子蛋，那在下面托底的总不可能是塑料吧，多少还是有点真金白银的。尤其老禅城还是四大名镇之一，搁祖宗那辈还是满街土豪商贾，一日三餐还是非常讲究的。

得心斋扎蹄就是一个例子。猪手南北做法一般多是焖、炖、蒸，大料小火熬得软绵烂熟。但这始于清乾隆时期的扎蹄，偏要做不一样的烟火。师傅先把鲜猪蹄刮净去骨，但又不把皮割破，把肥的猪脊肉

和不带筋膜的精肉切片，重新塞入猪蹄内。用水草扎好猪蹄后，再浸入卤水中慢煮，名曰“酝”。炮制完成后，切片拌上酱油葱蒜，爽脆甘香，肥而不腻。酝扎猪蹄功夫讲究，就算老师傅，这扎蹄一天也只能做20多个。

要说起来佛山客流云集，北香园饺子也是一个佐证，只因此处乃岭南腹地，但有酒家专卖北方大馅饺子，一卖就是六七十年，还火爆得不行。北香园是20世纪50年代的“北味村”，那时专门做京津口味的包饺，后又根据南方人口味稍做改良。每到饭点，就能看到饺子师傅在厨房里拿一四方大铁盘，倒满热油，一排排放满了小孩拳头大小的韭菜饺子，不多时那饺子边就结起金色的焦面，伙计在外面报数“煎饺一打”，师傅就铲起还冒着油泡的饺子。客人只需要一个小瓷碟，酱油拌上浙醋、辣椒就可开吃，那一口下去肉汁四溅，外皮又松脆香口，想起来恨不得马上去打包。

说起佛山的吃，怎么少得了应记面家呢，那云吞皮薄肉厚，鲜虾肉滑清甜，面的制作还加了鸭蛋，比起一般的面条更幼细，入口爽韧，还有浓浓的蛋香。窃以为那鲜鱼熬成的白色高汤，须配上伊府面才是一绝。

不说了，写饿了。

TIPS

找吃的，下一页就是美食地图了！

简直想把整张图吃下去

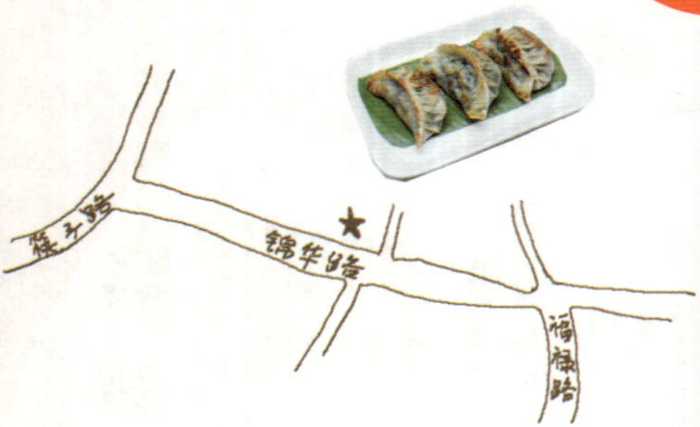

北香园——韭菜煎饺

北香园饺子皮薄馅大，味鲜有汁，煎饺皮香脆、馅有汁，佐以醋、辣酱，别有一番风味。

应记面家——鲜虾云吞面

鲜虾云吞面获“中华美食”称号，更是始创蛋面，制作中加入鸭蛋，更弹牙爽滑。

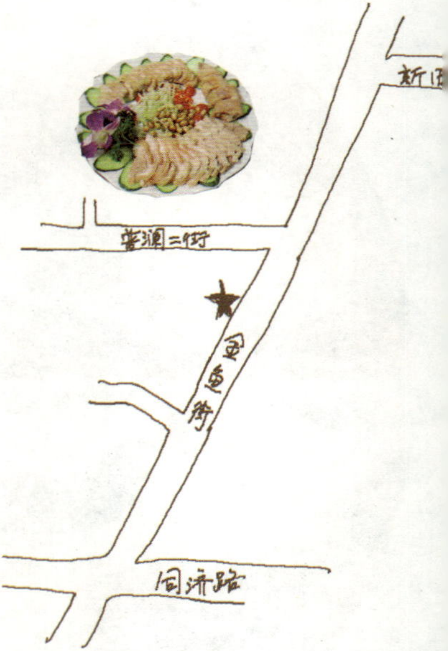

有记——白切猪手

它藏在金鱼街的小巷子里，不留意的话很难找到。到了饭点一位难求，装修简陋，风格怀旧。白切猪手原汁原味，香脆爽口，肥而不腻的猪皮，每一口都是胶原蛋白。

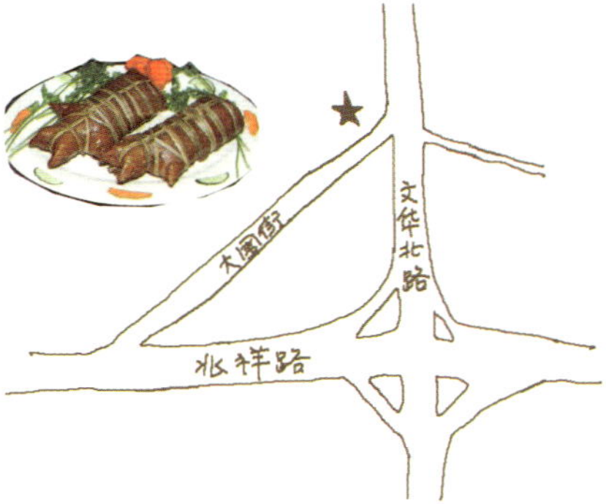

得心斋——扎蹄

创建于清朝乾隆年间，有着200多年历史，扎蹄是佛山本土美食，猪脚开皮，抽去脚筋和骨，再用猪肥肉夹着猪精瘦肉包扎在猪脚皮内酝制，再用慢火煮浸。

大可以——状元及第粥、油条

大可以开业于1932年，1958年起专营粥粉小食，取名大可以含义是店内食品样样可以。其状元及第粥、油条被中国烹饪协会认定为中华名小吃。

辉记甜品——猪脚姜

可以说是最具岭南特色的滋补甜品，一般选用猪脚、鸡蛋、肉姜及广东特有的甜醋精心烹煮，酸酸甜甜，营养丰富。

樵园酒家——西樵大饼

西樵大饼，已有 300 年历史，远近驰名。其特点是松软、香甜，入口松化，须用西樵山清泉才能制成此饼。樵园酒家也是西樵多年老字号。

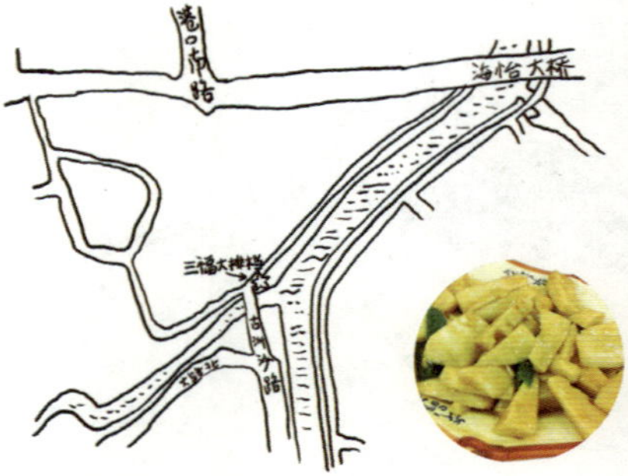

三福大排档——吊丝丹笋

桂城三山土特产吊丝丹笋，以肉质鲜嫩、纤维少、水分多、味鲜甜、嫩滑爽脆无渣而著称，别的地方吃不到，冰镇、白灼等多种做法随你喜欢。

年年好景酒楼——大顶苦瓜宴

夏季南海狮山谭边村的大顶苦瓜正当时。用大顶苦瓜打造的“苦瓜宴”，有苦瓜刺身、苦瓜排、苦瓜汤、冰镇苦瓜等几十种菜式，是消暑佳品。

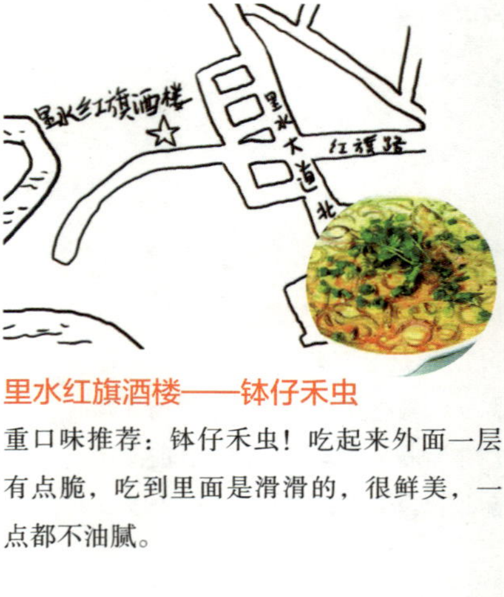

里水红旗酒楼——钵仔禾虫

重口味推荐：钵仔禾虫！吃起来外面一层有点脆，吃到里面是滑滑的，很鲜美，一点都不油腻。

聚豪园林美食——盐步秋茄

盐步秋茄皮薄肉滑籽少，味道清甜。一味“冰镇秋茄”，冰过后的秋茄蘸上芥辣和酱油，入口冰凉刺激，把秋茄青绿、条细、柔软、籽少等特点完美地诠释了一番。

丰芝宝灵芝社——灵芝鸡

巴掌大的灵芝作为汤底，香味四溢，养殖超过 200 天的灵芝鸡爽口弹牙。

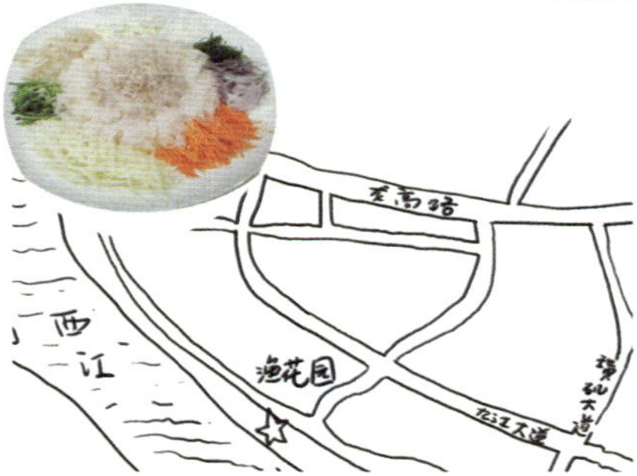

渔花园——捞鱼生

鱼生片通体晶莹剔透，宛如白冰，入口鲜甜爽化。吃鱼生时，需要筷子捞匀配料。

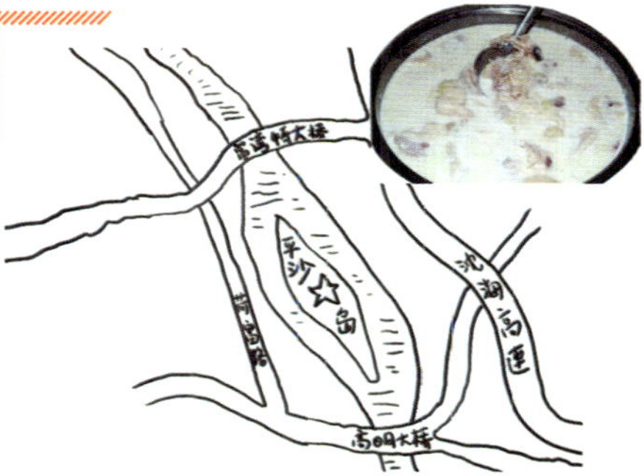

平沙岛——水牛奶浸鸡

岛上奶牛场原生态放养的水牛现挤的牛奶，十分香浓，加上旁边蕉林里自由放养的走地鸡，两种原汁原味的材料配合，完美。

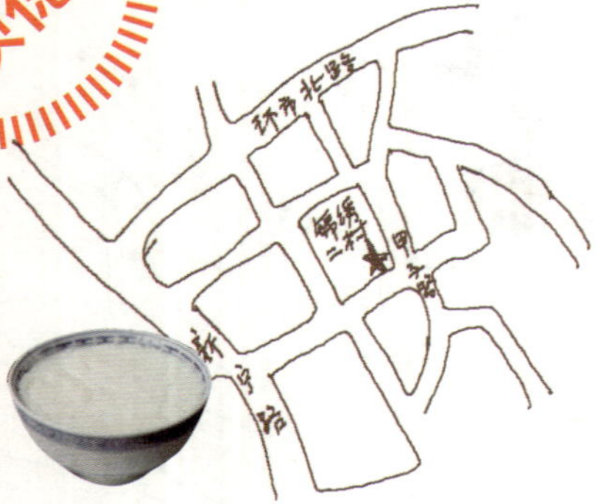

金榜牛奶店——双皮奶

双皮奶主要由水牛奶、蛋清和糖等混合炖制而成。双皮奶状如膏，色洁白，质感细腻嫩滑，似婴儿肌肤般吹弹可破，口味甜香清淡。

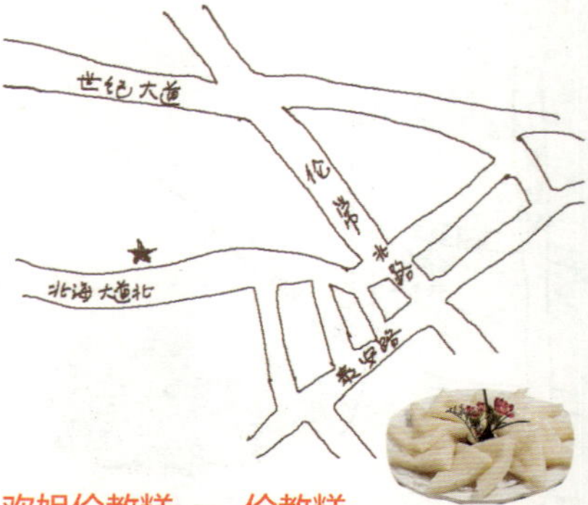

欢姐伦教糕——伦教糕

顺德伦教的特产，伦教糕以晶莹洁白而著称。据说优质的伦教糕，光洁如镜，糕身横竖小水泡似的孔眼，均匀有序，质地爽软、润滑而富有韧性。

凤厨——大良炒牛奶

通过顺德独有的“软炒法”，将液态状的牛奶炒成半固态的热菜，风格独特。成菜凝而不泻，奶香醇厚，洁白滑嫩，奶皮里的各种馅料清晰可见。

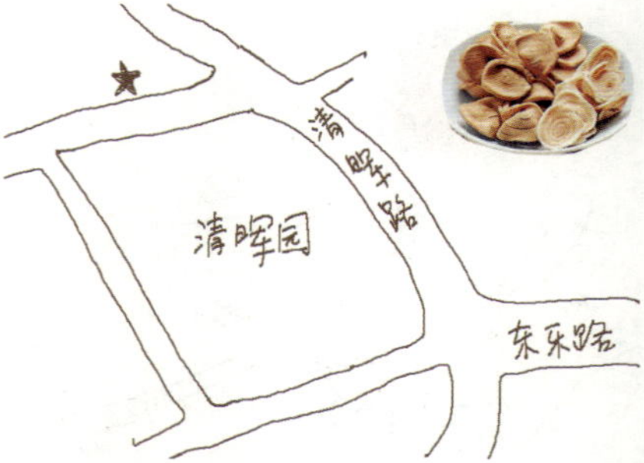

李禧记——磞砂

顺德特产，磞砂为面粉拌和猪油、南乳、白糖等配料油炸而成的食品，形似金黄色蝴蝶。顺德人俗称蝴蝶为磞砂。

黄均记、黄但记——陈村粉

亮相央视的顺德小吃，陈村粉像缎子一样亮丽、纯白，饱含天然纯正的米香味，做法百变。与沙河粉相比，陈村粉更薄更爽。

牛展——煲仔饭

全店只卖煲仔饭，老板用最高要求对待客人和出品，店内禁止翻弄饭菜和自行调味，老板还要求食客每口饭两边各嚼 15 下。

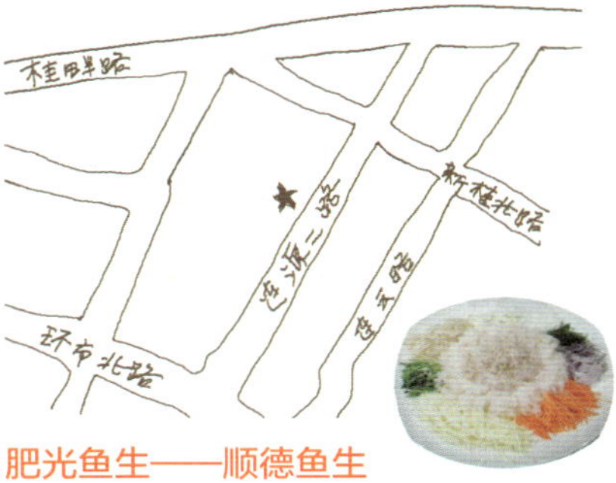

肥光鱼生——顺德鱼生

藏身居民区内的本地饭店，专门做顺德鲩鱼生，性价比极高，每逢夏日，门前常常需要排队等候。一般一鱼三吃，鱼生捞起，鱼骨煎煮，鱼头煲粥。

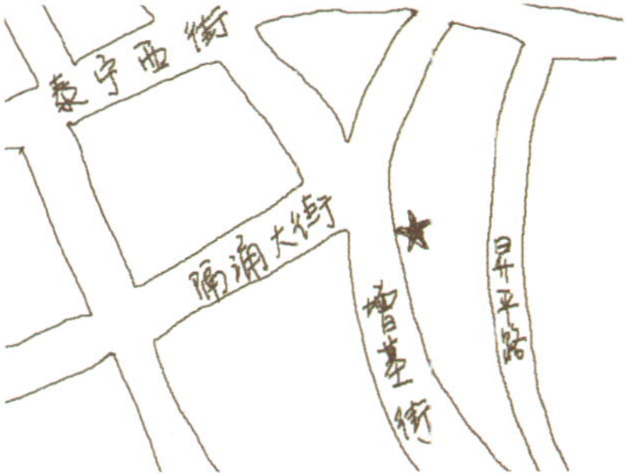

德云居——无骨鱼

古色古香的岭南院落里面，藏着一个个古朴的小房间，无骨鱼都用水库大头鱼，只用清水烫熟，每一口肥美的鱼肉都没有鱼刺，最适合老人和小孩享用。

西江嘉鱼

嘉鱼与其他鱼最大的区别，是鱼皮下面包着鱼鳞，肉幼滑，味鲜甜。清蒸、滚汤皆宜。嘉鱼是西江三水河段的驰名特产。

地址：佛山市三水区西南同福北路同福商贸城5座明都渔村

乐平大包

乐平镇大旗头村人郑绍忠习武出身，官至清末兵部尚书，因能吃而绰号“大口金”。传说他觉得寻常包子太小，命厨师制出8两重大包，乐平大包由此风行民间。一般三水的粤菜餐馆都有此菜。

臭屁醋

臭屁醋是三水最“臭名远播”的美食。臭屁醋制作需要把黏米、糯米放入锅里翻炒，直到微微发黄，然后放入瓦埕浸泡100天左右，制作过程发酵产生乳酸菌，发出一种怪“臭”味，酸甜美味可口。中医认为它能补中益气、消食积健脾胃。三水西南、芦苞街头均能找到。

黑皮冬瓜

三水黑皮冬瓜是全省蔬菜类第一件证明商标，其皮色墨绿、肉白且厚、肉质致密、品质优良。

三水雪梨瓜

继“黑皮冬瓜”后，三水第二个农产品证明商标。完全成熟时表皮白中带有些许金黄色，肉质厚，香气浓郁，爽甜汁多，纤维少，可止渴清燥。

地址：三水区乐平镇南边芦西公路侨鑫生态园

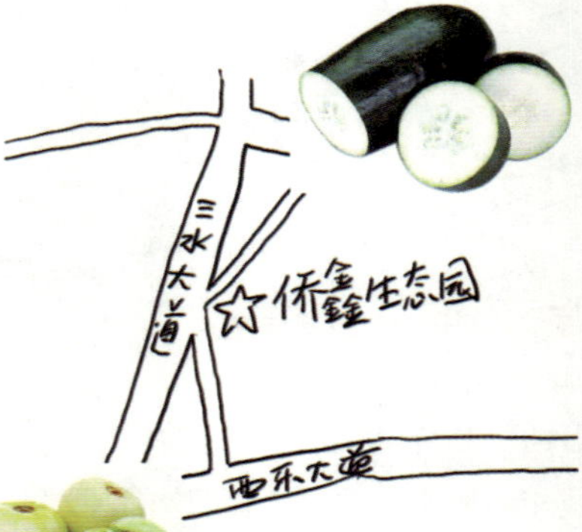

芳味濑粉——高明濑粉

濑粉是高明最具代表性的地方名小吃，粉质细腻光滑，拌入用新鲜食材熬制的鲜美汤底，加上佐料，入口清爽，回味无穷。芳味是高明老字号，店面环境很好，味道地道，每日手工濑粉即做即卖。

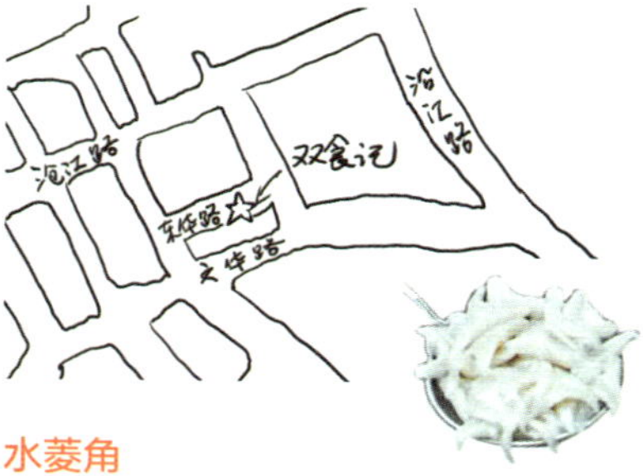

水菱角

跟濑粉类似，因做出来的形状像一只只水菱角而得名，有些人喜欢在锅里加入切成小块的薯类。

地址：高明区荷城街道东华路顺安街 18 号首层双食记

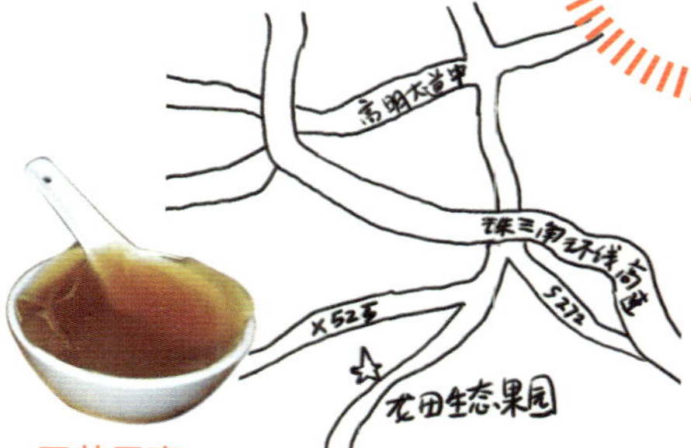

无花果膏

无花果是高明特产。无花果膏吃起来酸酸甜甜滑滑的，具有清热润肺功效。

地址：高明区杨和镇大坑村龙田生态果园

吊烧鸡

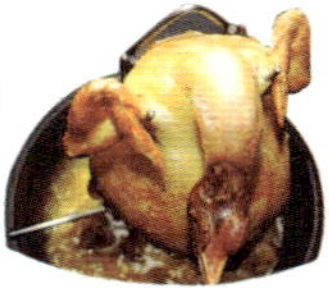

高明的烧鸡不是用明火烧的，而是隔着一个煲来烧，烧好的鸡肉质结实，鸡皮酥脆。盆底的汁里放着内脏，汁内除了配料，还有鸡在烧的过程中滴下的鸡油，可拌饭。

地址：庆云大道路往庆云洞方向，西岸学校斜对面联兴山庄

炒大团

用黏米粉制成，嚼着有韧劲。有的村叫炒银仔，跟炒年糕相似，口感更干爽，切成条状，加上土猪肉、洋葱、香菜炒，喷香。

地址：高明区百福街珍宝酒家

☐ 钻窿钻罅的发音是：

翻译成普通话：

☐ “食在广州”，下一句是厨出 ______

☐ 顺德的鱼生，“献身”前要“减肥”多久？

☐ 说出 3 道顺德甜品：

☐ 请标注一下你在佛山旅游的体重变化：

前：　　　　后：

通关秘籍

盖个章 打个卡

盖个章 打个卡

第 3 章
CHAPTER

我要带你拜师傅

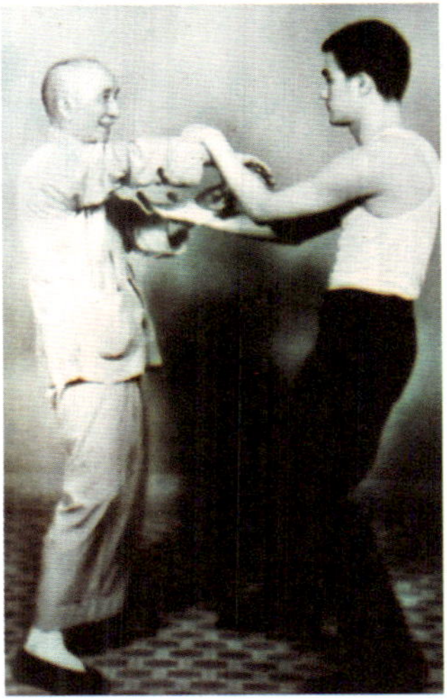

佛山 STYLE

我要带你拜师傅
这是一句佛山模式的专属情话
踢馆
食夜粥
佛山武林的摩斯密码
李小龙
黄飞鸿
叶问
……
男神们的名字如雷贯耳
带你去我家隔壁见识一下

黄飞鸿：他让世界以为佛山人都会无影脚

“啊！佛山无影脚……”在佛山，小孩子打架的时候几乎都会放出这一大招，高喊着口号，助跑，然后抬腿向对方“飞”过去，满满的画面感。

佛山无影脚是黄飞鸿的武功绝技之一。1856 年，南海县佛山镇里的一个武术世家迎来了一个新生命。黄飞鸿的父亲黄麒英是晚清“广东十虎”之一，在这种环境下长大的他，三岁就开始接触武术。从父习武十年，他已经可以在简历特长一栏上写“武术”了。为了生活，十三岁的他就跟随父亲上街卖艺。某种程度上，街头卖艺比拍一部好莱坞大片还要难，要有现在的特效效果，但没有 NG，一个失误就会引来全场嘘声。为了把这场现场大戏做好，其父就把毕生所学教给他，于是他在武术上又升了一个级别。

五年的卖艺生涯中，他遇上了几个师傅，并学成了“铁线拳”和“飞铊”等绝技，最出名的“无影脚”也

是在这几年间学回来的。

在众多影片中，无影脚被刻画得出神入化，扣人心弦。真实的无影脚真有那么神奇吗？黄飞鸿第三代传人余志伟曾在接受媒体采访时说，这个无影脚不是像一般电影、小说里表现的那样，在空中跳几十下，打打打，而是一个扎扎实实、真真正正的功夫，它打出的时候声东击西，扰乱敌人的目标以后，发腿攻击对方，所以叫作无影脚。

有人曾说过，生前寂寞，死后荣光，这就是真实的黄飞鸿。一百多年前，黄飞鸿只不过是佛山街头一个默默无闻的卖艺人，出没在佛山的酒肆茶馆或者寻常小巷，一百多年后，他成了一个世界文化名人。

TIPS

黄飞鸿狮艺武术馆：建在黄飞鸿的出生地禄舟村，它是一座对黄飞鸿的生平事迹和武学精神呈现得最完整的纪念馆。

祖庙黄飞鸿纪念馆：祖庙黄飞鸿纪念馆位于祖庙路21号佛山祖庙景区内，内设陈列馆、影视厅、演武厅、演武天井等。

叶问：“佛山网红”？一代宗师啊

是甄子丹炒红了叶问？还是叶问让甄子丹大红？抑或是李小龙，才让他们俩爆红？

叶问是李小龙的师傅，因为李小龙，中国功夫在全球大热，而甄子丹演叶问展示中国功夫被炒红。不用绞尽脑汁，这道题无解，他们三者各有各的粉丝团。

学咏春花了 70 万元学费

无论谁因谁而红，叶问是咏春拳乃至中国武术一致推崇的一代宗师，这是没有争议的。叶问的咏春拳师承陈华顺。据叶问弟子梁挺口述，当年叶问拜陈华顺为师求学咏春拳的学费是十二两黄金（折合为当前 50 万—70 万人民币）。果然是“穷文富武”啊！

叶问作为旧时世家子弟，当然有足够的钱来支付学武的费用，因而得以承传整套咏春拳。学满出师后，叶问在香港教授咏春拳，所收门徒上至官绅，下及百姓，但“潮州人都不教”。叶问本身是南海人，所说的广东话是土粤音，与潮州音在语言沟通上有困难，就如鸡跟鸭说，只能眼瞪眼，所以就不收来自潮州的学徒。

一直以来，咏春拳都只有少数传人。而叶问在港传技20余年，这一情况才有所改变。叶问毕生的成就，是将咏春拳原本秘而不传的教授方式，调整为简单通俗、浅显明了的教授方式，开宗立派，成为一系名拳。叶问生前培养出梁相、叶步青、招允、李小龙、骆耀等等一班出色弟子，都能继承宗师遗志，把咏春拳进一步发展，故叶问逝世后，咏春门人一致推崇他为咏春派一代宗师。

TIPS

叶问纪念馆：位于佛山市南海区罗村联星村，设有历代先贤堂、思源堂、名人堂、练拳场等。叶问纪念馆除具有旅游景点的功能外，还是咏春拳的练习基地。国内外不少习武师傅慕名来佛山学习正宗咏春拳。

开放时间：9：00—12：00，14：00—17：30　**门票：**免费

踢馆 → 砸场子

李小龙：我书读得唔少，你唔好踢馆！

小时候被人欺负时，村里的小孩就来架势了，扎着马步，双手握拳，目视敌方，准备开打前，左手拇指在鼻子上一抹，喊一句：“我们不是东亚病夫！”

这群孩子当被问及是哪个乡时，他们也会用拇指在鼻子上一抹，说：“哼哼哈嘿，我们是来自李小龙的故乡——均安上村。”

大明星真武士

洗衣板一样的腹肌、宽厚的三角肌和轮廓清晰的小臂，裸露上身的李小龙挥舞着双节棍。这样的海报曾贴在无数孩子的房间，李小龙是他们的偶像。

“快使用双节棍，哼哼哈嘿！”在好莱坞剧集《青蜂侠》中，李小龙首次使用双节棍。他的双节棍法，招招凶狠凛冽，令人眼花缭乱，绝非“花架子”“戏班子”功夫。

双节棍是菲律宾棍王伊诺山度教给李小龙的，李小龙仔细钻研，将双节棍的作用发挥到极致。普通人使用双节棍用棍身打出力道，而李小龙使用棍底部打出了最极致的力量，两者之间力量差得不是一点点。李小龙练就了这个招牌动作，也是他，将双节棍传播开去，有多少人看了李小龙的电影，奔着李小龙去学的双节棍。

哲学家李小龙

对于普通大众来说，李小龙是一个著名的中国武术影星。对于武术界来说，李小龙是新的格斗体系的创始人。很少有人知道，李小龙还是一位富有创新精神的思想家、哲学家。

李小龙在他的文字中曾经这样比喻：“坚实的树木在压力下会很容易断裂，但是竹子随风摇动，反而容易存活下来。”

他还写道：“做水一样的人吧，因为水异常柔软，有韧性，没有固定的形状，但是却永远不会被击破。”

也许，李小龙身后声威依然不减，正是在于他的哲学思想。

TIPS

李小龙乐园 + 祖居

一站式追星

李小龙乐园在顺德均安镇，园内建有李小龙纪念馆，向公众展示李小龙的家族史、李小龙的事迹、用过的实物如双节棍等，资料比其他任何地方都齐全。

李小龙祖居离李小龙乐园不远，5 分钟的车程，必须购买乐园门票才能参观祖居。

开放时间：

9：00—17：30

门票：成人票（平日）40 元 / 人，成人票（节假日）50 元 / 人

猪肉荣：放下杀猪刀，跟他“食夜粥”

黄飞鸿一生收了不少徒弟，猪肉荣是其中一个。据说，猪肉荣一生授徒万余人，为此人们评价他是黄飞鸿成就最大的嫡传弟子。

猪肉荣的名字是林世荣，他跟黄飞鸿是老乡，1861 年在南海平洲出生。佛山确实是武术之乡，他的父亲林伯善同样是习武之人，他将自己学到的“行月刀”“流金铛”和“蝴蝶掌”悉数教给儿子。后来又让林世荣去继续拜师学武，可见彼时的武术文化是如何繁盛。

林世荣是一位大力士，传说臂力惊人，不费吹灰之力就能把几百斤的沙袋背起来。力气虽大，但很难找到一个满意的工作，偶然的情况下，他路过广州的源记屠场，被老板看中就招进去杀猪了，“猪肉荣”的称呼就是从那时传出来的。后来猪肉荣师从黄飞鸿 20 余年，辗转到香港开了武馆。随后他秉承开放创新的思维，挽起袖子拿起笔写下拳谱，1930 年《工字伏虎拳》《铁线拳》《虎鹤双形拳》等拳谱先后问世，

粤语小灶

食夜粥在粤语中有“学功夫”的意思。话说当年广东一带的武馆晚饭后还要练功，每晚师母都会准备一煲粥和点心，让师傅徒弟练功后可以宵夜。所以后来就用“食夜粥”形容那些学过武功的人：“唔好睇小佢啊，食过下夜粥㗎！（别小看他，他练过武术的！）”

在当时引起了轰动，因为他的这个行为可谓是开了广东近代武术套路写作的先河。

之所以能引起轰动，是因为当时的武术界大多故步自封，三更起练，五更收场，生怕人家偷看；教六留四，生怕人家全学去了。千百年来，广东武术套路书更是凤毛麟角，纵使有书，也被视为秘籍。

佛山骄傲

这里，传说中人人会武功，个个无影脚
这里，各种武术流派汇集，百年生生不息
这里是功夫之城——佛山
佛山武林，自古英雄辈出
流传百年，让我们感动的
是佛山武者对武术的挚爱之情
习武年限长长短短
始终不见懈怠，武术之魂融入血脉
功夫功力深深浅浅
对武德推崇和传承之心情真意切

☐ 哪位大师是武林哲学家？

☐ 摆出无影脚 pose 拍照，记住口动配音

☐ 四大武林名人中，谁家最土豪？

☐ 最爱写书的是谁？

测一测，你的武功
练到第几重

通关秘籍

盖个章 打个卡

盖个章 打个卡

第 4 章 CHAPTER

万人空巷 我牵你手

无须穿越，她缓步走来

热恋中卿卿我我
钟意二人世界
偶尔
又会想在人山人海的大街
拉紧彼此的手
璀璨灯会上，点亮眼中的光
在秋色的狂欢中，一起放声地笑
年年岁岁
执子之手
走过通济桥
许下同一个愿望
都是关于你

夜色醉人，秋色无边

夜幕降临，佛山今晚注定是个不眠夜。

以上书“佛山秋色”四个大字的四盏灯笼开路，从灯色、车色、景色、马色、水色、飘色、地色七大类排演，到舞龙、舞狮、十番、锣鼓柜助兴，伴有彩灯扎作、头牌花车、化装造型等各种表演……一年一度的佛山秋色又开始了。

秋色作为佛山的一项传统民俗活动，最早可追溯至1700多年前的西晋时代。当时的秋收时节，人们用野生茭笋壳扎成小龙给孩童们玩耍以庆祝丰收，是佛山秋色最早期、最原始的形式。

中断多年后，从2010年起佛山重启秋色，此后一年比一年盛大，毫无保留地绽放着它应有的光芒。

那长达数里的队伍，哪一个不能牢牢吸引住你的眼球？

你看，那随着锣鼓声上下翻飞舞动的舞龙，在健儿们的挥舞下，每一片鳞片似乎都闪着亮光，精心制作的龙头似乎下一秒就能活过来，腾跃在人群当中；你看，那只七彩狮子

一伸一张，对着围观的群众眨着大眼，飘飞的五彩绒毛在夜色中幻化成一道别致的彩虹，展现着岭南舞狮最灵动的一面；

你看，那装扮成西天取经四师徒的杂技演员，唐僧的定、孙悟空的灵、猪八戒的馋以及沙悟净的憨，用小小的动作就表现得淋漓尽致，仿佛跃出了《西游记》，跨越时空站立于眼前；

你看，那身穿旗袍式长裙的舞者，捧着青花瓷图案的灯笼，随着音乐摆、放、抱、拖……与长裙上的青花瓷图案相得益彰，一颦一蹙尽见岭南女子的温婉；

你看……

夜色醉人，秋色无边，这是佛山秋色。

TIPS

佛山秋色欢乐节是承载着佛山民间智慧、欢乐的传统民俗节庆活动。过去秋色多在秋收时节的晚上举行，现在多安排在每年的 11 月上旬，禅城区是活动最为集中的区域。

通济桥的自白

2001 年 1 月 18 日，那是通济新桥的生日。

自那日开始，每到正月十六这一天，我就会苏醒过来，那天会有浩浩荡荡的人群一手提着一棵新鲜生菜，一手举着呼呼转动的风车，沿着外围道路，一步一步走过来。

好像这一项活动，叫“行通济”？听他们讨论多了，我也就似懂非懂，生菜要留着“引财归家”，风车是为了转运。噢，他们有的还是从广州那边过来，就为了体验一下“行通济”。我的身上似乎有点重了，短短 32 米的桥梁已经挤满了人。

到底什么是“行通济”？人群跟着节奏喊着“行通济，无闭翳”，这一句又是什么意思？

耳边传来一对祖孙的对话——

“我们脚下的这座通济桥，是新修起来的。老通济桥是一座建于明代的木质桥，因为年久失修毁掉之后又在清代重建为石质桥梁，并起名为‘通济桥’，寓意‘桥以通济名，必通而后有济也’。

“这条桥是通往顺德、番禺的必经之路，以前的商人为求来年生意顺境，就会来行通济桥讨好意头，后来逐渐成为一项习俗，有了‘行通济，无闭翳’的说法。‘闭翳’

在粤语中的意思，是指忧愁、衰运，转着风车能转走闭翳。

“按照规矩，行通济是要连续行三年的，今年是爷爷跟你一起行通济的第二年，人老了腿脚也不利索了，明年你就自己来吧！”老爷爷轻声叹。

“不行，我们要约好了，明年继续行通济！”小孩奶声奶气地说。

…………

人来人往，夜色渐深，随着最后一个人离开通济牌坊，我陷入了沉睡，明年我将再度苏醒，见证这一年一度的盛事。

2017 年，共有超过 73 万民众参与了行通济。

TIPS

正月十六“行通济”的传统习俗始于清初，乾隆年间最为鼎盛。每到正月十六，从清早到午夜，各家各户，携子带女，手举小花灯、生菜，涌到通济桥边，再绕道回家，以求得一年的平安和好运，有“行通济，无闭翳”之说，迄今已有近 400 年历史。

这是一篇催婚、催泪短小说，适合委婉地求婚。

点一盏乐安花灯

他是一名游子，因为和家人不睦，已经20年没有回去过故乡。这一年，他买了春运回家的票。绿皮火车早已被高铁替代，回到故乡不过短短几个小时，家乡南海罗村的一切让他既陌生又熟悉，幸好，自己那一口纯正的乡音未改。

家里这些年间拆了重建，地址没有改变，不难找，但站在门外他还是犹豫了好久，转过身来看到了泪流满面的母亲和面无表情的父亲。

他说："妈，我回来了。"

初一到初八，见了好久不见的亲戚，他心里却没有太大的波澜。唯独初九，他心里隐隐有些期待。记忆中，每年的正月初九，每个罗村人都要到乐安行灯地，买一盏花灯回家，祈求来年添丁发财。可能是因为母亲曾说过是买了花灯才有的他，小时候的他，对乐安圩那一盏盏花灯分外有亲切感。

终于到了初九，他起了个早，想要去拍些照片留念。只见乐安圩两侧一字排开数不清的摊子，摊主们将最漂亮的花灯摆在最显眼的地方，待价而沽。

有人与摊主讨价还价："便宜一点行不行？""便宜5元吧，拿走！""成交！"

有小孩缠着父母要买花灯："我要这盏嘛！"隐藏在镜头后面的他，不知不觉笑了起来。

忽然，他看到了一个微微佝偻的背影，那是父亲。他要到哪去？不自觉地，他迈开了步伐，跟着相隔不远的父亲，一路穿过新老交杂的街区，来到了祠堂。

他从未见过如此虔诚的父亲，双手合十，对着祖先祈祷。

"以前你就是在这里'开灯'的。"父亲察觉了他的存在，开口道，"家里给你开的灯，是我亲手做的。那一根根桐木条，是我亲手打磨的，图案也是我自己画的。转眼你都这么大了啊。”

“在外面闯荡那么久，应该有一番事业了吧？偶尔回家看看，你妈想你。对了，早点生个孩子吧，回来我还给你们做花灯。”父亲说。

按照规矩，如果在去年生过男丁的一家，都会于正月初九在宗族祠堂办“开灯”仪式。在祠堂正中央，点上八角纸灯一盏，与男丁一同祭拜先祖，寓意让祖先“认住”男丁，保佑其身。

在父亲身后，他泪流满面：“爸，我不走了。”

他决定点上一盏花灯，再许上一个愿，祝自己一家团团圆圆，这比什么都重要。

TIPS

位于南海罗村联星村的乐安圩，每到春节期间就会挂满花灯、灯笼，延续了300多年，是罗村特有的民俗活动。乐安圩有“灯地”之称，“正月初九行灯地”的风俗也传承至今。

不是吹，龙舟在大珠三角随便都是要赛一个多月的，最有格调的就是去拜一拜这条“老龙王”。

600 岁老龙每年醒一回，快去围观

被几十代南海盐步龙舟健儿摩挲过的船身，乌黑且光滑，两只鹿角威武挺拔，一缕雪白长须气宇非凡。一年一度的端午在即，这艘 3 吨重、快 600 岁的盐步老龙伸个懒腰，等着被叫醒……

“佑我苍生，保国安宁。广庇万方，有望神灵……”盐步河边，会有专门的盐步老龙文化传承人邵钜熙一字一顿地念出百字祝文。经文诵读完毕，龙舟健儿们就跳下船坞，将沙袋提出，老龙从船头到船尾缓缓露出水面。醒来的老龙，全身乌青，等众人用藤丝擦去船身河泥，那乌黑发亮、全身由坤甸木打造的健美身姿，再一次展现在众人眼中，接受村民们的顶礼膜拜。

老龙醒来第一件事，要去见下自己的“契仔”（干儿子），那条在广州泮塘的龙舟。

老龙依然记得当年结下的“梁子”。

那是明朝万历二十五年（1597 年）的端午，百多艘龙舟齐聚珠江河争夺桂冠。当时已百岁的盐步老龙与广州荔湾泮塘龙舟并驾齐驱，眼看终点在即，泮塘龙舟上一位健儿突然跃出，一把夺走标旗获胜。但当健儿抬着代表夺魁的金猪回泮塘时，却遭到了村中父老的斥责，认为他们胜之不武，应将标旗、金猪归还盐步。但盐步坦然礼让，隔日又将标旗、金猪送还。反复礼让多次，一位长者提议，两地村民不

如结为亲戚永葆情谊。

如今，身为“契爷”（干爹）的盐步老龙每到泮塘探亲，泮塘龙舟就会早早守候在花地河迎接进村，而且在进村路上，泮塘龙舟绝不越过盐步龙舟，讲的就是这个规矩。你看那一点一点的龙头，莫不是老龙在手捋长须，今赞泮塘龙舟？

TIPS

留存至今的“盐步老龙”在珠三角河道上一直是众多龙舟的长者，100 多年来没有参与过传统的龙舟竞渡比赛，每逢龙舟竞渡，它都只做游龙表演。在珠三角众多龙舟中，长须的不多，长白须的更是绝无仅有。

假如你此刻在顺德均安“帝王”巡游的现场，你会有一种错觉：坐上了叮当的时光机穿越到古代某个皇上的巡游，万人簇拥的阵仗，挡不住的霸气。

“帝王”巡游，霸道总裁靠边站

从农历九月初四到十九，“帝王”在16天的巡游中，游遍顺德均安“十三乡”——看看这派头，整个巡游仪仗队伍仿效古代帝王出巡的形式，由敲响十三下的头锣开道，三丈高的“三军司令”黑色大旗招展，紧跟高脚牌、香炉、罗伞——比玄幻仙侠剧过瘾多了。

队伍中部是关帝、侯王端坐的雕刻精美的小木楼——銮舆，游行中銮舆手不时有节奏地上下颤动，大声吆喝，以示摇醒关公祈福。恰好碰上了，你就入乡随俗，闭上眼，合上双手向“帝王”许愿祈福。许愿还是要的，

RUI LONG YULE
Bakery

假如真的实现了呢?

热闹的气氛,永远需要音乐来推动。充满乡村气息的八音锣鼓柜所奏曲调悠扬欢快，不是新年胜似新年。巡游的锣鼓柜多达30个，会按照一套精彩程序来“炫技”PK。“文明雅奏”锣鼓柜刚弹奏完一曲《大开门》，就向下一个锣鼓柜发出邀请:“你们来一曲！”“好嘞！”紧随的“升平雅奏”就来首《得胜令》来回应。兴致正浓时，一群老曲艺人还会即兴唱几句粤曲。嗨起来的你，也可以走上去敲几下锣鼓，凑个热闹。

整个巡游队伍，绵延数公里，有均安本地人、海外华侨和游客，耄耋老者、垂髫小孩，巡游就像一个大磁场，凝聚着不同的群体，成为一个大舞台。

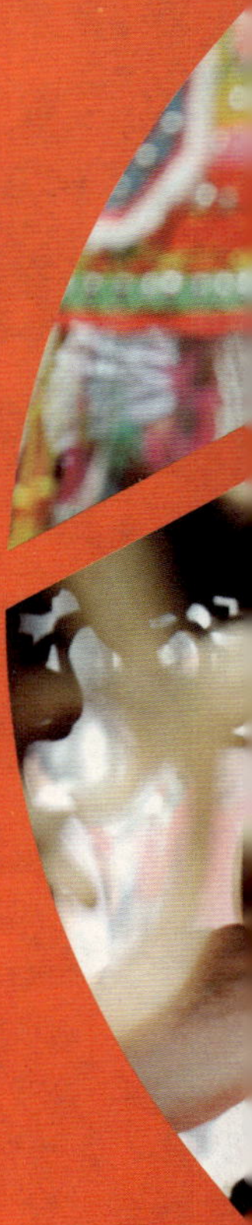

游历珠三角，会发现龙母庙何其多，听说德庆的最有名，
到底各家之间是什么关系？

80 年终于等到你，龙母出巡

对于南海黄岐人而言，时隔 80 年能够重新目睹黄岐龙母出巡，意义非凡。能够对上一次龙母出巡有着清晰记忆的，起码已是耄耋老人。

珠江支流岸上，前来围观的市民个个翘首以待。“来了，来了！”人群躁动了起来。

在河道上，伴随庄严的音乐、五彩烟火，一艘大龙船缓缓驶来，船首红黄白绿蓝五位龙太子一字排开，或双手捧拳，或手搭凉棚远眺，姿态威武。龙船靠岸，“虾兵蟹将”手持武器，水族女单手持龙旗开道，五位来到德庆龙母庙的龙太子依次下船，率领着巡游队伍，前往黄岐龙母庙迎龙母。

五龙太子在龙母庙前躬拜，迎出南海黄岐龙母娘娘的头牌锦旗，12 名童男小心抬起龙母行宫，龙母出巡才算正式开始。龙母巡游自龙母庙起，至龙母庙终，途中经过黄岐商业步行街、鄱阳路、岐西路口，再掉头折返——就如那曾经中断，而又重新连通的文化血脉。

一路上民众夹道欢迎，纷纷拿出手机拍摄。不少得知龙母诞重启的市民，拖老带幼一家人前来围观，只为“沾沾龙气”。对于这些见证着黄岐飞速发展的黄岐人而言，即使看过再多的风光，也及不上这重启的龙母诞。在这一刻，深刻融入血脉中的那一份情绪再度被触动，与那喧天锣鼓共鸣，双手合十向龙母祈祷之时，心存一份感恩，更有一份感动。

TIPS

龙母古庙建于道光二十八年（1848 年），现在的龙母庙仍用旧庙的“龙母古庙”石匾刻载，因袭“龙母崇拜”习俗，便形成了“黄岐龙母诞”庙会活动。“黄岐龙母诞”贺诞庙会活动时间为每年的龙母诞辰日（农历五月初一至初八日，其中五月初八日为正诞）。

“冬大过年”这句老广至为熟悉的俗语，不需要太多解释，来现场分猪肉就是了，饺子汤圆之争在这儿没有意义。

“太公分猪肉”真实现场

冬至这一天，在各地谋生的人们，不远千里回到本家宗祠，在族老的主持下举行祭祖仪式。祭祖完毕，每个人都能从族老手中领取到一份烧猪肉，吃上“太公分的猪肉”才圆满。这场象征着团圆、孝德、传承的宗族祭祀盛典，年年在南海大沥平地黄氏大宗祠隆重上演。

当清晨第一缕阳光照耀在黄氏大宗祠第一片瓦上时，黄氏后人呼吸着家乡最地道的味道，陆续来到宗祠。“嗯，今天又是一个好天气。”

吉时一到，冬祭正式开始。卜帽、长衫、马褂，身穿一整套丝绸材质冬祭礼服的主祭人肃穆地诵读祭文，上香、化宝、敬茶、敬酒。鸣钟九响，击鼓九节，每节三响。数字“九”为最大阳数，有长长久久之意，代表着黄氏一族开村至今的900年历史。

平地冬祭有一个重要的环节，就是分猪肉。在黄氏大宗祠内，长桌上密密麻麻垒起了超过千钵切成条块、摆放整齐的烧猪肉。朴素的土黄色陶钵，盛着一块赤红的烧肉，素有“红皮赤壮”的威武称谓，寓意着红火。而这份太公分发的烧肉，在族人们眼中，更代表着健康、快乐以及一份家族凝聚感。

每一个参与冬祭的黄氏后人，都能领到一份烧猪肉。这份烧猪肉，不少人是舍不得立刻就吃的，而是在重新踏上归程之时，作为行李带往远方。

“明年冬至，冬大过年，不如再回一趟老宗祠？”

TIPS

黄氏大宗祠很威武

平地黄氏大宗祠为省级文物保护单位，位于佛山南海大沥镇平地社区内，始建于明代，是三进院落式、镬耳封火山墙、硬山顶建筑，院内水磨青砖、石雕、木雕、砖雕装饰，做工精细。每年农历六月十九日“观音诞”以及农历冬至日冬祭仪式均在宗祠举行。

太公的猪肉不利于减肥？盆友你喜欢吃素？那就介绍去北村生菜会吧。

你吃的不仅是一个生菜包

南海北村陈氏大宗祠内，坐在婴儿车当中的小孩并不知道自己手中捧着的一片菜叶、盛着的几样香喷喷的菜肴意味着什么。实在抵挡不住手中的香味，小孩一口咬了下去，虾米的鲜香、蚬肉的软糯以及咸酸菜的湿脆，味觉触觉听觉一齐涌上头脑，小孩双眼眯成了细线，高兴地笑了起来。

这是每年农历正月二十六举办的北村生菜会，起源于明朝，盛行于清朝、民国。

看着婴儿车中吃得正香的小孩，一直静静凝视着孩子的父母也笑了。

“知道吗？你手中的这个，叫生菜包，意头大着呢。”

“蚬肉寓意蚬肥年丰，生菜即生生猛猛，酸菜表示子孙，韭菜表示长长久久，吃生菜包希冀人财两旺，长久发达。”

“你说你吃了这么多生菜包，明年一定会快高长大。”

父母你一言我一语，懵懂小孩并未能理解个中含义，只知道一口接一口吃得香。每一代北村人，不都是这样吃着生菜包长大的？

忽然听得锣鼓喧天，宗祠外传来一阵热烈的喝彩声，小孩忍不住伸长了脖子想要看个究竟。只是人

山人海，哪是一个小孩能企及的？眼见小孩就要哭泣撒娇，父亲将小孩托到肩膀上“骑膊马”。

原来是醒狮舞龙队来北村赠庆。那鲜亮的醒狮舞龙随着锣鼓声上下翻飞，鲜艳的服饰、飘逸的流苏、矫健的动作，将小孩的眼睛牢牢锁定。龙狮队的技术一步一行均显真章，每甩出一个高难度动作，总能引起村民们的惊叹、喝彩。

“咿呀！”小孩有样学样，也随着人群喊了出声。

“怎么？你以后也想学龙狮？”父亲认真地问道。

“咿呀！”小孩没办法回答，只是模仿着龙狮队用力地挥舞着双手，父亲兴奋地高高捧起小孩：“走！爸爸再给你包一个生菜包！以后你如果学龙狮，一定生猛！”

TIPS

南海大沥北村生菜会每年农历正月二十六观音开库日自发举行，是大沥春节期间的一项标志性活动。

> 找朋友借钱，我们可能借一万几千；找银行贷款，就可能要按万计算。那问观音借钱，能借多少呢？

观音借库：你想借多少？

“哇！快看快看，我借到八十八亿八千八百万，真是好运啊！”左手拿着一把约 20 厘米长的“金钥匙”，右手拿着刚从观音金库中抽取的标着巨额数字的红色“支票”，从顺德龙江来的刘先生迫不及待地唤来太太分享喜悦心情。这是他第八年在西樵山参与“观音开库”了。

农历正月二十六，是传说中观音菩萨向众生开仓济困的日子，逐渐形成了“观音开库”的民俗。粤语中，“借库”与“借富”同音，这一天成为珠三角市民新春祈福、求财的“吉日”。每年这一天，佛山的西樵山总会迎来超过十万香客到这里向观音借库。

除了本地市民热情不减，中山、东莞、江门等珠三角城市，以及香港的游客也蜂拥而至。

这一民俗的来源还有一个传说：观音在修道的时候，有五百位护法罗汉，为了考核观音大士的修行成绩，于是化为人间和尚，到观音庙化缘讨饭充饥。观音见有和尚求助，就打开仓库让大家尽情享用各种精美斋菜，当五百和尚填满肚皮之后，余下来的食物就留给前来参拜的善信享用。

各地都有观音，为何要来到西樵山呢？樵山观音巨身高 47 米，莲花座高 14.9 米，直径 36 米，莲座周围上下三层共镶 60 片莲花瓣，再加上端坐在海拔 292 米的大仙峰顶，圣像通高 61.9 米，是全世界最高的铜造观音坐像。

众神的狂欢，全民 PARTY

花灯会

正月初九，佛山人会到罗村乐安行灯地，各色花灯绚丽夺目。来提前感受元宵节的热闹喜庆，花灯当然不可少。

行通济

正月十六在禅城区通济桥。

标志吉祥物：成捆生菜、风车

生菜会

农历正月二十六，几乎各村都有，较为著名的是南海北村；同时又是观音开库日，西樵山也会有隆重的活动。

标志吉祥物：生菜包、观音开库钥匙

北帝诞

农历三月三，北帝诞及北帝巡游系列活动，各种非遗文化精彩展示。

精彩推荐：禅城祖庙

大仙诞

农历四月十四，佛山西樵会举行传承了600多年的民俗节日“大仙诞”。信众把云泉仙馆大殿内的吕祖金像恭迎出殿，到西樵山奎光楼会合其他方阵，开展“大仙诞”巡游。

龙母诞

每年的龙母诞辰日是农历五月初一至初八，其中五月初八日为正诞，最有看头的是南海黄岐的龙母出巡、太子接龙母。

龙舟节

佛山的龙舟节不止在端午那日，前后会延续月余，各村各涌都有龙舟竞渡的好戏连台上演。盐步老龙游龙、叠滘漂移龙舟赛久负盛名。除了比赛，还有龙舟饭不可不试。

烧番塔

农历八月十五，南海丹灶、西樵、罗村等地，烧番塔的火种可谓是代代相传，薪火不断。火红的砖塔、冲天的火光、撩拨火苗的青壮年无不在增添节日的气氛。

均安帝王巡游

时间为农历九月初四到十九，“帝王”及仪仗队伍在16天的巡游中，游遍均安“十三乡”。

秋色

每年秋收时节庆祝丰收的全城狂欢，一般在每年的11月上旬上演。各色彩车如过江之鲫，你可以拿秋色节和巴西狂欢节媲美。佛山中心城区届时会陷入欢乐的海洋，到处都是主场。

冬至祭祖

冬至日，祠堂祭祖，太公分猪肉。即使是一位游客，你也可以在这一天来到南海平地黄氏大宗祠、顺德勒流稔海……在庄严宗祠的岭南古村，感受抢头炮的热闹、分猪肉的喜庆，吃上一顿人情味满满的冬至围餐。

□ 行通济的两大必备道具是什么?

□ 乐安花灯的点灯日是元宵节吗?

□ 太公分猪肉是哪一天?

□ 说出生菜包的三种馅料

通关秘籍

盖个章 打个卡

盖个章 打个卡

第 5 章
CHAPTER

从前有座山 山里藏着佛

它自在，它一直在

谁说佛山无山？
西樵山上，自有七十二峰
桃红柳绿、山光水色、飞瀑千层
有人说，樵山的美是闷骚的
最美的风景在眼底
佛山当然有佛
隐于大山
隐于市井
有缘的人
自会相遇

塔坡：这里藏着佛山最大的秘密

佛山，为什么叫佛山？这真是个必答题。

佛山人有句老话：“未有佛山，先有塔坡。”所以，关于这个秘密，我们必须从这个名叫“塔坡”的地方说起。

话说，1700 年前的东晋，佛山还叫季华乡，只是珠江口咸淡水交汇土洲群中较大的土洲。公元 398 年，罽宾国（今克什米尔）三藏大法师达毗耶舍带三尊小铜佛经海上到广州，至季华乡塔坡岗上（现塔坡街）搭盖棚寮，讲经说法。由于信众日益增多，棚寮日渐拥挤，善男信女自愿捐资建造了塔坡寺。法师回国后，经堂因年久失修而倒塌。

直到唐代贞观二年（628 年），传说许多人见到塔坡岗上夜放金光，经乡人挖掘，得到三尊小铜佛及一石碣，石碣上赫然刻写“塔坡寺佛”，并刻有一副对联：“胜地骤开，一千年前，青山我是佛；莲花极顶，五百载后，说法起何人。”

塔坡寺佛重现人间，人们认为这里是佛家之山，重修塔坡寺经堂，并掘井纪念，季华乡也因此改名为“佛山乡”，塔坡也被誉为“佛山初地”。

简单总结，就是在塔坡这个小山岗挖出了佛，所以就叫佛山了！这个命名方式有点简单粗暴，但胜在意蕴深厚。

当年的塔坡古寺在明初洪武年间被拆了，那三尊小铜佛也不知所终了。现在的寺庙是清嘉庆元年（1796 年）在原址重修的，“佛山初地”的石刻就镶嵌在寺庙的墙上，最近三尊新塑的金佛也重新安放供奉，继续守护这个秘密。

不到“佛山初地”拍个合影，怎算来过佛山啊？

TIPS

地址：禅城区福宁路京果街 2 号

开放时间：7：00—18：00　**门票：**免费

仁寿寺

清顺治十三年（1656年）由密宗上师纵堂首建。

仁寿寺内有一座如意宝塔，是1935年由佛山佛教密宗徒李佩弦等捐资兴建，并于1938年由虚云大和尚亲自主持了开光仪式，盛极一时。塔身为七层八角汉式塔，镶有藏文碑匾，塔内供有瓷制佛像十余尊。

地址：禅城区祖庙路5号

开放时间：

8：30—17：00

门票：免费

宝林寺

“未有顺德，先有宝林”。宝林寺始建于五代之南汉殇帝光天元年（942年），初名“柳波庵”，一直以供奉观音为主。如今的宝林寺是1996年易地重建的，左环德胜河，右瞩旧寨、清云双塔。

地址：顺德区宝林路（银峰路与新桂南路交叉口）

开放时间：

8：00—17：00

门票：15元/人

三水卧佛与本焕寺

大卧佛由一大块完整的岩石雕刻，筑紫铜60吨而成。卧佛以盛唐敦煌卧佛为范本。大卧佛法体长108米，高18米，眉心钛宝珠直径0.8米。

在三水卧佛旁边，还有一座2015年间落成的本焕寺，为纪念本焕长老诞辰109周年所建，是国内首座以当代高僧法号命名的寺院。

地址：三水区森林公园内

开放时间：

8：30—17：30

门票：免费

"佛山"这个名字，源于在"塔坡"小土丘上挖出了三尊佛像。然而，土丘终究不是山啊！因此也有人说："佛山无山，南海没海。"不服，要辩一辩。

西樵山 供图

四海八荒都知道，本君已四万五千岁了

打住，谁说佛山无山了？四海八荒都知道，在南海，有一座外表清丽脱俗、内心狂野炽热的山（就是本君啦），名曰西樵山，芳龄四万五千岁。

为什么说外表清雅？本君的山体像是莲花簇瓣，群峰罗列，参差有序，最大的特点是“山里有湖湖里有山，水在山中山在水里”，想想都透心凉。整座山有 16 个岩洞、232 个泉眼、28 处瀑布，山顶还有 3 个“天湖”。在亚热带地区的岭南，西樵山是观云海、看日出和避暑的胜地。

至于内心狂野，是因为本君本来就是一座古火山（现在已经“熄火”）。

如今碧波潋滟的天湖，就是其中一个火山口。明代西樵山就有“半山扒龙船”的民俗活动。土豪的是，湖东有九曲桥跨水面，湖南高踞一座“观龙楼”，是专为民间赛龙舟活动而兴建的。这种红红火火的热情，演变到现在，就是每年的五一、十一，这里都上演盛大的龙狮大赛，各路英雄好手云集，简直嗨翻天了。

时间一晃而过啊！本君站在这里四万五千年了，看过了多少回沧海桑田。后来人类出现了，他们来到了西樵山，这里成为华南史前时期最大的石器制造场，开珠江文明之先河。

这么说吧，你们都是本君看着长大的呀，什么时候有空，带上你的故事，过来探望一下本君。

TIPS

西樵山（Xiqiao Mountain）是广东四大名山之一，国家 AAAAA 级旅游景区，中国国家森林公园，中国国家地质公园。西樵山上七十二峰峰峰皆奇，四十二洞洞洞皆幽，古人赞之为“谁信匡庐千嶂瀑，移来一半在西樵”。

开放时间：8：30—19：00

门票：70 元 / 人

西樵山 供图

有人说，西樵山是座“醋山”，见不得恩爱的情侣，情侣一起游过西樵山都要闹分手。我只想说一句：呵呵。

西樵山 供图

分手山？这锅四方竹坚决不背！

谣言大概是这样传开的。

《西樵山志》上说：以前有个叫桂花的姑娘住在山上，和山上的汉子鹰强相恋了。后来，鹰强参加了“抗清保明”军队，两人临别前把两碗酒倒在两株桂花树下，相约待鹰强凯旋一同赏花。鹰强走后第七天，山上桂花开出了血红色，被姑娘酿成了如血的醇酒。直到姑娘离开人世，鹰强也没有回来。山里人将她葬在桂花树旁。

如今，这几株桂花树仍然生长在西樵山丹桂园内，树高身粗，已有几百年的历史了。如果这几棵桂花知道当年主人们的坚贞爱情被传成这样，估计也是“呵呵”一笑。

山上的四方竹，更是坚决不愿意背锅的。

要说这四方竹，那是国家重点保护的珍贵观赏植物，西樵山特有，如迁离竹园，不出三年，竹身便会恢复圆形。四方竹径高三到四米，握下去有明显的方形感，比一般的竹子要细一点儿，矮一点儿。

传说中，四方竹的培植人是西樵山上的打柴郎，与山上的第一美女相爱了，便上门提亲。美女的母亲编了首歌谣打击他：“除非山中天地变，竹子成方送女来。”于是，打柴郎早晚用力在竹竿的下截捏呀捏，捏了一年，竹竿的下截变方了，但上截还是圆的，捏了3年，还是未能如愿，而女神被嫁给山下一个官家了。出嫁当天，美女跳崖殉情，打柴郎进白云寺当了和尚，每天继续捏竹子。几十年过去了，一棵方形的竹子在香烟缭绕中形成了，后世长满了坡坡岭岭。

山里人把它看作是爱情坚贞的象征。

所以真相只有一个，就是西樵山太适合谈恋爱。

TIPS

四方竹园位于西樵山西南部的九龙岩景区内，是一个集四方竹、宝峰胜处、宝峰寺遗址、春风亭、茶园、茶花园、霍韬妾氏墓等多个景点于一体的公园，是夏日纳凉的最佳选择。

开放时间：8：30—19：00　**门票：**包含在西樵山大门票内，无须单独购买

说起佛山名人，康有为的大名一定如雷贯耳，青山绿水搭配人文情思，这样的游山玩水，更适合灵魂交流。

康有为在此读书，喜欢打辩论赛

西樵山三湖书院是个读书的好地方，门口竖着一尊康有为的铜像，手握书卷，静静地屹立。似乎是有这样的一个场景：1879 年，清王朝日暮西山，康有为 21 岁，满怀壮志却内心迷茫。他来到了西樵山，是为了楼台古寺而来，还是被山光水色吸引，还是想寻找一处静心的读书地？

没有人知道。但他留下来了。

这位青年在这里没有看四书五经，而是时常在湖岸的柳堤上，和许多读书人就时局进行争辩和探讨，在这里启蒙了他的近代维新思想。三湖书院有过许多康有为的足迹，某个窗户前，他就是这样安静坐着，读经世致用之文，包括顾炎武的《天下郡国利病书》、顾祖禹的《读史方舆纪要》和魏源的《海国图志》等。

“秋风每赋感知己，记得樵山花又红。”两年后，这个少年郎从这里出山，办学上书，主张维新，发动了轰轰烈烈的戊戌变法。

西樵山 供图

两百年来，三湖书院经历过几度拆毁改建，2014 年，三湖书院又在原址新建。砖瓦已换，但三湖书院作为“戊戌摇篮”的地位并没有改变。这里会不定时开展人文社科领域的学术讲座，说不定你能遇上，感受一下古时“耆贤讲书”的盛况。

TIPS

白云洞与三湖书院

白云洞景区是西樵山的核心景区之一，三湖书院位于此。乾隆年间西樵的读书人就在应潮湖、鉴湖、会龙湖之间，建了一座书院，取名三湖书院。这一带还有奎光楼、云泉仙馆、白云古寺以及字祖庙等一批明清建筑和摩崖石刻。

开放时间：8：30—19：00　**门票：**包含在西樵山大门票内，无须单独购买如果你是一个从小就拿看 TVB 当饭吃的影视迷，必须到这里打卡。

任何脑洞，这里统统满足

站在红墙黄瓦的紫禁城小宫苑，与皇帝你侬我侬；在夜上海的百乐门，跳着舞扭着腰唱一曲《夜上海》，看着台下的权贵尔虞我诈；在深水埗的骑楼下漫步，感受20世纪50年代老香港的气息；在老广州的巷子里，喝一碗凉茶，听听七十二家房客的热闹……

不用叫醒迷妹，就在西樵山的国艺影视城，一起玩穿越吧。

国艺影视城兴建于 2010 年，主要景点有黄大仙祠、明清皇宫、恭王府、香港街、上海街、广州街和启德游乐场等，场景之多，任君选择。

比如广州街，展现了清朝末期至民国时期羊城的市井风貌，汇集了太古仓、天字码头、西关大屋、十三行与骑楼等历史知名建筑。香港街上，不仅能看见弥敦道、尖沙咀、皇后大道中、旺角的各处街景，还有冰室、拳馆这类传统香港风情建筑。

西樵山 供图

漫游其中，最有趣的莫过于对照着影视作品去“打卡”。《叶问：终极一战》里，叶问在哪里展开大战？《锋味江湖之决战食神》，谢霆锋曾在哪个位置大展厨艺？TVB的《情逆三世缘》《巾帼枭雄之谍血长天》《圣男盛女》《守业者》，都是在这里取景的，你又能认出哪几处？

说不定还能偶遇你的偶像在这里拍戏呢！

TIPS

国艺影视城坐落于西樵山风景区山南路入口左侧，总占地7.7万平方米，是集影视、旅游、休闲等于一体的综合旅游区。

地址：广东省佛山市南海区西樵镇环山路与山南路交会处

提醒：周一没有表演

西樵山
手绘地图

石燕岩里有“汽车”

石燕岩位于西樵山的东南面，是一处古采石场遗址，从明代早期起，就有很多能工巧匠在此开采岩石。石燕岩因栖息石燕而得名，它的洞口扁如唇。内进宽广，窑内可容千人，六月盛夏凉气袭人，内洞蓄水成湖，水上设有游艇可供游玩。水洞中有两块巨石，一块露出水面形似汽车，叫“水底汽车”。许多水道至今仍未探明，最奇的是每当骤雨初歇，洞内就弥漫着一层白雾。

全球最高的铜造观音坐像

西樵山南海观音坐落于大仙峰顶，海拔290米。观音法相坐姿61.9米，寓意观音成道于6月19日，是目前世界上最高的铜造观音坐像。在观音文化苑广场，还有六柱五门天柱牌坊，采用500多吨优质大理石雕刻而成，堪称中国最大的牌坊。

天湖公园赏“火山”

天湖，是西樵山西北面的一个火山口湖，面积约为13万平方米，最深处达20多米，三面翠峰环抱，湖水澄碧；湖的北面为一巨坝，两端建有龙珠亭、问龙亭、倚天亭和水月轩；东西湖岸分别建有待月亭、伴云亭、鸳鸯阁等富有民族特色的小筑佳构，把湖光山色点缀得分外妖娆。

eden
eden

在佛山最高点放飞自我

佛山最高峰就在高明皂幕山，海拔 805 米。

这名字也有特色，何谓皂幕？深黑为皂，帷帐为幕，可见佛山第一峰的林木幽深。据《高明县志》载，皂幕山古时曾是瑶氏少数民族的聚居地，在抗日战争和解放战争时期，是珠江纵队、粤中纵队等革命游击队的重要根据地。

如今这里已经是高明特色旅游景点，每当气候宜人，可见游人在这登高赏山。一般的攻略会告诉大家，从山底到山峰有 6666 级阶梯。（写文的壮汉用亲身的汗水证明，6666 级阶梯之后要登顶还有十余分钟的山路。）有些登山专业户半小时就能爬完这段路，在山顶能够俯瞰高明和江门鹤山的山峦美景。

那在这如何放飞自己？

2017 年第 21 届广东飞行节精英赛在此举行时，吸引了包括港澳台在内的全国 20 多个专业队伍、120 多名专业教练及运动员前来。“皂幕山附近很多山，飞下去的时候有一望无际的感觉，很过瘾。”香港“飞手”任智伟说皂幕山非常适合玩滑翔伞，不仅有合适的坡度，还有较为宽阔的降落点，是滑翔伞的天然好场所。

皂幕山正在规划建设国家级滑翔伞基地，在山下则建设一个占地 150 亩的综合性户外体验基地，计划每年 1 月 1 日在这里举行飞行节。

谭杰才 摄

以下是判断题

□ 佛山最高的山是皂幕山

□ 四方竹其实是圆的

□ 西樵观音是全国最大的铁铸观音像

□ 佛山的“佛”字来源于三水卧佛

通关秘籍

盖个章 打个卡

盖个章 打个卡

第 6 章
CHAPTER

这种玩法有点浪

渡我的人在哪座岛

佛山不多山，小岛数百座
找一座岛，不必终老
只放空一个下午
它像神奇的时光机
保留着珍贵的逝去时光
明媚的午后
我涉旷野丛林而来
你撑船渡我入灿灿花海
这样不说话，就十分美好
站在小岛的岸边
江风在你耳边诉说
岁月如那褪不尽的
落日余晖

海寿岛：就这么吹吹风，随便走走

海寿岛究竟是一座岛，还是一个沙洲？哪个说法准，可能需要你亲自去论证一番。

岛上居民的祖先多是150多年前为了谋生，从西樵太平沙搬迁过来的。当地人习惯把江称作海，沙洲为岛，很久以前的海寿岛叫上沙岛，又叫寿亭沙。岛上私塾的教书先生李秀才认为名字不吉利，把岛名改成“海寿岛”。

海寿岛四面环水，进岛的方式只有一个：乘坐海寿渡轮。当地有种逗趣的说法，就算小偷偷得了东西，也过不了渡。这个世代靠渡船与外界相通的小岛，一艘轮渡，连接的是两个完全不一样的世界。

乘坐轮渡，走进一处世外桃源。这里没有工厂的废气，没有灯红酒绿的夜景，只有绿道、田地、渔船……岛民在江里捕虾，在田里种菜，也有一半的村民在九江镇中心谋生，清早踏着晨辉坐船到城里做工，日落披着夕阳的余晖踏上归途。

登岛的路口，是小型的市集，路的两边摆满了当地人自家出产的农产品。再继续往前走，堤坝上，相迎的是一条约7公里的环岛绿道。绿道边上是一列风力发电的路灯，一阵风吹来，风叶随着风微微转动，小岛的美，一直萦绕在身边。

莫错过了春光，莫辜负了时光，带上他来这里体验一把繁华都市之外的阡陌桑田，这就是你们的天涯海角。

组图 梁平 摄

TIPS

海寿岛位于佛山市南海区九江镇，是一个扁长的江心岛，与海心沙、担担沙、龟洲合称大洋湾四岛。海寿码头在九江江滨，即九江镇政府右侧。自驾游可搜索佛山市—南海区—海寿码头，从沈海高速或325国道转入镇道5公里左右可到达海寿码头。岛上可以租骑自行车，围基和永明路均为绿道，江边有河鲜店，适合爱好骑行游玩品尝美食的朋友。

大汕岛：我说这里的时光那么美，你说是的

如果你想找个岛去度假，那我劝你最好别去大汕岛。

因为，孤悬在德胜河中央的大汕岛，还保留着20世纪70年代模样，是顺德唯一一个没有通公路的自然村。我觉得，与一些修建成度假村的“白富美”小岛相比，大汕岛属于中华田园派的“土肥圆”，原始而恬静。

大汕岛上80%以上的面积是鱼塘，出岛要靠“嘭、嘭、嘭”作响的渡轮，岛上甚至找不到可以供游客休闲娱乐的场所，实在不是一个度假的好去处。

但是，如果你想找个地方放空一下午，或者带孩子来一天野外科考，那你去大汕岛绝对没错。这里原汁原味的水乡风光，可以让你感觉坐

上“时光机”回到了过去；走在散发着泥土气息的环岛小路上，你可以跟随处可见的鸟儿、鱼儿、虫子、蝴蝶……进行一场与大自然的对话。

初夏的一天，我第一次踏上大汕岛。没有工业的小岛有着岭南典型的桑基鱼塘，岛民靠着 1000 多亩鱼塘为生。这些岛民基本上都是中老年人，因为出行不便，而且居住条件不理想，年轻人几乎不再住岛上。

站在岛上，望着河岸两边林立的高楼，疑惑为何夹在中间的大汕岛依然这样原始落寞？后来查了资料才发现，其实，大汕岛也曾有成为“白富美”的机会。

当年霍英东在投资建设德胜大桥时，曾看到大汕岛的商机，计划将小岛开发为旅游休闲胜地。但不知为何，方案搁浅，搭建的机动车引桥至今仍是“断头”状态，孤零零地置身于小岛上空。

如今，没有被开发的大汕岛，倒是有幸保留住了顺德渔村的原貌，成为大家口中的“顺德最后一个村庄”。这里的古树翠竹、桑基鱼塘、赤脚的渔民、横行的螃蟹，还有静静吹过的江风……就像留声机播放出黑胶唱片中的光影流年。

去吧，去大汕岛寻找你的专属时光。

TIPS

前往顺德容桂的大汕岛，骑自行车、坐公交车和自驾游都可以，但公交车需要在德胜大桥收费站或观绿路站下车，通过楼梯或渡轮上岛，而自驾游必须将车停在江岸上，等待渡轮。

具体路线为：碧桂路德胜大桥容桂收费站第一个桥底左转第一个路口上堤围大汕岛渡轮处。

琴沙岛：来一场不可预测的“艳遇”

抱着因未知而期待的心情去琴沙岛，你会有惊喜的“艳遇”。

我跟许多第一次去的人一样，完全没想到这个西江中的美丽小岛——三水西南青岐村琴沙岛，居然如此与世无争，遗世独立。

这个像把古琴形状的小岛，名字背后有个美丽的传说。相传是包公去端州（今肇庆）上任，行船西江中间，遇到风浪，不小心把琴掉在这江中，后来就变成了琴沙岛。

琴沙岛的美，是一种恬静舒适的美，不期而遇的美，一见钟情的美。我习惯在阳光明媚的周末，搭上铁皮渡轮远离喧嚣，看岛上古树葱茏，西江洲头，碧水白沙。

在岛上，你可以随心所欲地走，随心所欲地停，深吸一口气，便能闻到一股带有野草味的新鲜香气。这里能引发人怀古的幽思，也能满足你对世外桃源的憧憬。

琴沙岛上有不少“猫耳窗”水磨青砖老屋，无声地述说着这个村落的古朴历史。其中有据说已经120年历史的“黎氏宗祠”，残砖断瓦，已经看不出昔日的显赫，却能让人

感受到历史的美感。

落日粉霞是琴沙岛最不能错过的美景，在这个未被开发的处女岛上，能尽情欣赏夕阳下江水共长天一色的美景。你最好是在傍晚时分，找个水清且浅的岸边，欣赏大自然给你带来的魔术表演。

夕阳西下时，光着膀子的渔民悠然自得，船体斑驳的渔船满载而归。在西江边听着潮起潮落的声音，眼前浮现一幅渔舟唱晚的图景。

你听！江水拍打琴沙岛的声音，是在呼唤你来“艳遇”。

TIPS

乘车：可到三水汽车站乘坐到青岐墟的汽车，再乘坐到琴沙岛的渡船。

自驾：走 321 国道，往肇庆方向，经过马房大桥收费站，前行看到“佛山市三水区西南青岐人民欢迎您”的牌楼，然后左转沿路走到青岐墟，右边有渡口直达琴沙岛。

平沙岛：水牛奶浸鸡的香味飘过来了

行走在平沙岛的环岛路上，双眼所及青葱浓郁，道路两旁绿树成荫，生长着古榕树和木棉树。平沙社区服务中心前后6棵古榕树，整齐成排，树龄均超过百年，俨然镇岛之宝。太阳高挂时，岛民们三三两两聚集在榕树底下，聊天、纳凉，有小孩抱着树干玩捉迷藏，游客沿着树荫骑行。榕树就像一个沉默的老人，用深邃包容的目光凝视着这一切。

登岛游玩，少不了进行一场“寻味”之旅，平沙岛保留着大量种满果蔬的农田和桑基鱼塘，随意走进一家农庄，就能吃到地道的农家菜。特别是平沙岛的特色菜——水牛奶浸鸡更是不可不试。牛奶用的是自家奶牛挤出来的奶，混合一点水做的汤底，浓郁醉人。

夕阳西下，吃饱喝足后披着太阳的余晖踏上回家之旅，坐在悠然前进的轮渡上，感受着温柔的微风、金色的西江，悠哉乐哉。

TIPS

平沙岛位于佛山市南海区和高明区交界处，归属于南海区，是一个四面环水的江心岛。岛上地势平坦，面积约 7.28 平方公里，常住人口 5600 多人。岛上以农业种植、水产养殖为主。小岛全天对外开放，无需门票，须坐轮渡登岛。

☐ 收好船票，打卡上传朋友圈

☐ 在海寿岛发现了这家的菜很好吃：

☐ 大汕岛头上有座断桥悬在空中，拍个照？

通关秘籍
盖个章 打个卡
盖个章 打个卡

第 7 章 CHAPTER

花期盛开在每一个四季

你那么美

在岭南，四季都少不了花
二月，春风拂过
南国桃园三千亩桃花灿若红霞
路旁红棉似火
知了宣布夏天的到来
接天莲叶里，玉荷亭亭
懒得一季一季等
陈村有个花卉世界
想看什么花?
来这里自拍
不用美图秀秀

春天的第一站去寻三生三世的浪漫，这座桃园，你承包了。

南国桃园：十里桃花，美醉了

明朝才子唐伯虎有首《桃花庵歌》，他自封“桃花庵庵主”，每日“酒醒只在花前坐，酒醉还来花下眠”，就这样“半醒半醉日复日，花落花开年复年”。

如果他到了南国桃园，岂不是要醉死过去？

桃园有3000亩桃花，每逢春节前后，这里漫山遍野尽是花漪连连，灿若红霞。二月的风拂过，河川静默，桃花怒放，香气氤氲，明净如镜的湖面倒影绰绰，花不醉人人自醉。

徜徉在花海间，不经意，一只鹭鸟自头顶掠过。这生灵对家园最是挑剔，碧波湖上清晨薄雾，万千灵鸟嘎嘎呼唤，凌空翱翔。踱步到一旁的观音寺，对着慈悲为怀的观音娘娘，许下心中惦念已久的夙愿。长寿泉边，掬一捧清泉在手，阳光穿过树叶洒落在指尖。

南海影视城不过是几步之遥，金碧辉煌的皇庭宫殿，烟雨楼台的江南水乡，怀旧的香港街、澳门街。时空交错中，让你有些恍惚。也许，多年以后，你记忆里仍有这样的春日，总有这样的春雨绵绵，姹紫嫣红。

这就是南国山水的味道，正如南方的女子，浓妆淡抹总相宜。不如就往桃花谷里去，在一树桃花前坐下，就一壶桃花酒，惯看秋月春风。

南方日报资料图片

TIPS

桃花朵朵游不尽

南国桃园位于南海区狮山镇，占地约 8 平方公里，森林绿化率达 95% 以上。园内拥有众多景点，其中包括中央电视台南海影视城（另收费 90 元）、南海观音寺（另收费 10 元）、桃花谷、碧波湖、凤凰景区、平顶山景区等。

门票：10 元 / 人，汽车入内另收 5 元 / 辆

最佳花期：每年 2、3 月份

三水荷花世界：嘿，你偶遇荷花仙子了吗？

关于荷花，有一个凄美又老套的故事。

荷花仙子是天帝的女儿，偷了百草的种子下到人间，在湖边偶遇帅气正直的“藕郎”，恋爱了。天帝派天兵天将捉拿荷花仙子，临别前，她把一颗自己精气所结的宝珠交给爱人傍身。没几天，俗人凡胎的藕郎果然被捉了，天兵挥起大刀向他的脖子砍去。藕郎吞下宝珠，天兵连砍 81 刀，藕郎虽身首两节，但刀口处留下细细白丝，把头颈又连接起来，怎么也杀不死。天帝赐下法箍箍住藕郎脖子投入湖中。谁知竟落地生根，长出又白又嫩的藕来，法箍变成了藕节。悲痛欲绝的仙子化成荷花，从此和藕郎生生世世生活在湖里。

这个爱情故事，如今被改编成大型歌舞剧，每天在三水荷花世界的荷花剧场上演一场。间插高难度的杂技表演，演绎了一个迷人感性的荷花世界。

这里真是一个名副其实的荷花世界。号称“世界上规模最大、荷花品种最丰富”的荷花生态专类园，荷花多得确实数不过来：太空培育的“太空莲”，用出土的文物种子培育出来的“古代莲”，直径差不多两米、可以承重 40 公斤的王莲，开花率仅为十万分之一、虐死单身汪的“并蒂莲”……

如果你像文人周敦颐一样是爱莲之人，这里最合适不过。春可看“小荷才露尖尖角”，夏可赏“风过荷举，莲障千重”，秋可览“芙蓉老秋霜”。晨窥凌波仙子，午察玉荷亭亭，晚赏暗香浮动；可与花同眠，亦可静心垂钓；既可欣赏童话式大型歌舞，又可细尝“荷莲大宴”。泛一叶小舟于荷塘中，绿水依依，莲叶田田，一转角，说不定可以偶遇那美丽的荷花仙子。

TIPS

三水荷花世界坐落于三水区西南街道，全园占地面积约 1300 亩，是目前世界上规模最大、荷花品种最丰富，集古典建筑、雕塑、荷文化展示于一体的荷花生态专类园。景区内种植了 500 多个珍稀的荷花品种。**门票：**70 元 / 人

陈村花卉世界：花花花，买买买

佛山中部，禅城、顺德两区交界，一个汇集百花千卉的王国坐落于此，名曰“陈村花卉世界”。

陈村素有“岭南千年花乡”美誉。两千多年前，这里的花农们就逐水而居，利用河涌运输花卉苗木买卖。斗转星移，东平河两岸褪去荒芜，一座座高楼鳞次栉比。“岭南千年花乡”摇身一变，成了“中国花卉第一镇”。

穿过一座抽象的造型主门楼——欢乐蝴蝶，你将被琳琅满目的奇花异卉震撼。造型精致的庭院里，既有中式的小桥流水，又有西式的园林景观。火红的郁金香、深红的非洲菊、紫红的芍药、嫩黄的玫瑰、粉嫩的杜鹃花，写意的景观榕、笔直的棕榈树、金灿灿的年橘……徜徉在万紫千红中，随心赏趣，静挑爱花。也可安坐于咖啡茶座，在鸟语花香中休憩一番。

苏东坡的词说：“月有阴晴圆缺，人有悲欢离合，此事古难全。”这些得到精心照料的花卉，好像并没有什么悲欢离合。目睹东平河两岸的巨变，花儿们照样兀自生长。被新主人看中，它们将被带到新地儿，或是宽敞的庭院，或是陋室里的墙角，或是安静的公园，无碍它们从土地汲取力量，怡然自得，笑对春风。

TIPS

陈村花卉世界位于禅城、顺德交界处，是集花卉生产、销售、科研、花卉展览、花卉观光旅游于一体的大型花卉交易中心和花卉文化主题公园。　**门票：免票**

四季花期：看不尽的花花世界

茶花

12 月至次年 3 月

●赏花地：佛山植物园、西樵山茶花园

“犹爱并山茶，开花一尺盈”，佛山植物园栽植的茶花超过 1500 个品种，包括金花茶、十八学士、杜鹃红山茶、并蒂嫦娥、乔依、黛比等名贵品种。西樵山茶花园分新老茶园，层次分明，密集种植，面积达 250 亩。

2—3 月（春节前后）

●赏花地：南国桃园

“桃花一簇开无主，可爱深红爱浅红”。南国桃园的桃花有 3000 亩，堪称“三生三世十里桃花”的现实升级版。

桃花

油菜花

2 月

●赏花地：禅城文华公园、顺德顺峰山公园、高明盈香生态园

阳光下的油菜花是奔放的，风吹起金黄色的波浪，赶紧置身花海，来一张美美的自拍照。

黄花风铃木

3月

●赏花地：北滘宝树湾花木场、顺峰山公园、西樵山、丹灶仙湖、怡海公园、禅城季华路、中山公园、三水云东海的翠云路和南湖路沿途

南国春来早，花儿竞艳在枝头。黄花风铃木犹如一夜春风来，金灿灿的黄花，犹如生命的颂歌，这是南国春天的诗意。

木棉

3—4月

●赏花地：中山公园、亚艺公园、文华公园、季华五路、季华六路、海三路

红棉是英雄花，寓意奋发向上。妈妈捡起落在门口的木棉花，晒干熬一煲祛湿汤，是很多佛山人都有的记忆吧？

蓝花楹

5月

●赏花地：高明南蓬山森林公园、禅城亚艺公园、文华路、金澜北路、通济桥、佛山大道丝织路口、影荫路

一抹紫蓝色为佛山增添亮色，是自拍的绝佳背景。那些美丽的花朵从树上掉落，地上铺了紫色的地毯，就像仙境一样。

荷花

6月

●赏花地：三水荷花世界、禅城文华公园、中山公园、亚艺公园

除了高洁的气质，我们还很好吃啊！荷叶可以蒸鸡、做糯米鸡，莲子煲糖水，莲藕炒着吃，莲蓬晒干还可以泡茶。在爱吃的佛山人眼里，荷花全身都是宝啊。

大叶紫薇

7月

●赏花地：市东路、普君北路、汾江中路、绿景路

南方艳阳里大叶紫薇开满枝头，亭亭盖盖的枝叶为路人遮阴纳凉，该颁一个贡献奖。

8月

●赏花地：盈香生态园、丹灶镇翰林湖都市型生态农业园

朵朵大葵花朝阳而开，花盘满布瓜子，静窥蜜蜂吮蜜汁，快乐不知时日过。

向日葵

百日菊

9月

●赏花地：三山森林公园、佛山新城世纪莲和滨河景观带附近

五颜六色的百日菊们静静开着，像地毯一样绵延开来。百日菊长期保持鲜艳色彩，象征友谊天长地久哦。

10月

●赏花地：三水森林公园、高明盈香生态园

光听名字就让人向往，这花拥有什么样的魅力，才能让蝴蝶迷醉、蜜蜂围绕，让人心向往之？

醉蝶花

波斯菊

11月

●赏花地：里水镇贤鲁岛、桂城平洲三山郊野公园、南庄绿岛湖湿地公园

初冬，波斯菊就赶来凑热闹了，花儿可以开到来年春天。红黄粉白，多姿多彩。

异木棉

12月

●赏花地：文华公园、亚艺公园、中山公园、季华路、文华路，顺德桂畔湖、海寿岛

异木棉树冠大如伞，叶色青翠，满树姹紫，秀色照人。

□ 佛山的市花是：木棉？白玉兰？桃花？

□ 能坐一个宝宝的荷叶叫作——

□ 在陈村花卉市场买一盆兰花

通关秘籍

盖个章 打个卡

盖个章 打个卡

第 8 章
CHAPTER

走进小楼『叹』春秋

不一样的“南”

人们说，苏州没有园林，便不是苏州了
和江南淫雨霏霏的风情不同
岭南的宅院，在精致和奢华中透着淳朴的实用主义
风卷云舒时，水流花开处
清香酬神，诗画会友
香茶浓，娇妻艳，子孙贤
一曲粤韵悠扬去
细叶榕树荫下的躺椅里，看尽繁华

梁园：四位男神共筑一宅

有点遗憾，现在保存下来的梁园，仅仅是清朝时梁氏叔侄四人所建造的五分之一。有点庆幸，现在保存下来的梁园，还可以窥探这个当地显赫文人家族的岭南园林造景术。

全家都是风流才子

梁园的最初创始人梁蔼如是官授内阁中书的京官，老干部退休回到佛山，在现在的松风路片区买下了200多亩田地，以池塘为中心，与侄儿梁九图、梁九华及梁九章共同筹划，构筑园庭。这一建就花了40年。

要说这叔侄四人，全是岭南地区享负盛名的文人雅士。九章当过四川某州知州，大概相当于市长，退休后刻的《寒香馆法帖》，是梁园的镇园之宝。九华当过大理寺主事，是修堤筑路方面的专家。九图10岁就被公认为佛山的“神童”，不事功名，遍交岭南文坛的好友，作诗画兰都是一流的。

霸气不求外漏
低调更显内涵

文人的居所，必

林福江 摄

定也是文气十足的，梁蔼如的无怠懈斋、梁九图的十二石斋和汾江草庐、梁九华的群星草堂和秋爽轩、梁九章的寒香馆……这些小园林散落在松风路西贤里及升平路松桂里一带，又彼此相连，因此就把它们统称为梁园。

现在我们看到的梁园，只剩下群星草堂、秋爽轩以及后来复建的汾江草庐。从松风路先锋古道进入，门口并不觉很霸气。一直往里走，穿过第三重门，才是园林的精华部分。擅长建筑的梁九华把自己的小庭院布置得精巧雅致，“船厅”三面为大型满洲窗，四周景物尽收眼底，“荷香小榭”更是四周通透、里外交汇，把天、地、人融为一体。

TIPS

梁园三宝

梁园与顺德清晖园、番禺余荫山房及东莞可园并称为清代广东四大名园，是岭南园林的代表作，珍藏着历代书家法帖（书法名家字帖）。秀水、奇石、名帖堪称梁园“三宝”。

地址：禅城区松风路先锋古道 93 号

门票：10 元 / 人，每周六免费开放

真正爱石头的人，才不会批发

在梁园，除了看园林，更要看石头。传说中的梁园奇石达四百多块，有“积石比书多”的美誉。群星草堂边的石庭是梁园的标志。汾江草庐的水石运用更是别出心裁，遥望湖面，一块形态奇特、高约三米的石块屹立于湖中，名叫“湖心石”。而在消失了的十二石斋中，曾放着九图在游历洞庭湖返程时买下的 12 块黄蜡石，当年的文人墨客路过都要来欣赏膜拜。

“垂老兄弟同癖石，忘形叔侄互裁诗”，这幅挂在梁园的对联，出自梁九图之手，说的就是他们叔侄在这园林中摩挲赏石、品茗赋诗的日常吧。

吴家大院：土豪心有欧式小清新

“九曲十三湾，湾湾有个财主佬”，这句俗语在南海九江家喻户晓，说的就是清朝末期九江的繁华旧貌。

吴家大院，就位于十三湾中的第二湾，主人是祖籍九江的越南华侨吴庚南和吴畅如兄弟，他们的故事足以写成一部“穷小子走南洋后发家致富回乡建房光宗耀祖”的 TVB 式励志大剧（自行断句，专业练声者除外）。

别以为越南进口的就不高级

清末年间家徒四壁的吴庚南远走越南，做进口大米、药材生意。光绪十三年（1887 年），发了财的吴老板衣锦还乡，在离祖籍地几里开外的九曲涌边购买田地，还从越南等地经水路运来建筑材料，精心修建吴庚南府第。

现在所见到的两排 6 幢大小一致、排列整齐的龙船脊镬耳屋，就是当年吴家兄弟建造的。这些镬耳屋，均为三间两廊式建筑，以红米石做地基，青砖砌墙体，雕花的木门和窗户，造工精致。可以想象，当年这位“土豪”吴老板，对于自己落叶归根的住所，投注了多少心血。

组图 梁平 摄

当然，对于留洋的年轻人来说，镬耳屋可能有点老旧了。1927 年，老吴的子侄吴伯玑、吴仲旒和吴美阊又再次回到九江建房子，也是从越南运来建筑材料，历时五年，在镬耳屋的南边，建了四栋中西合璧的碉楼式洋房：三米来高的花岗岩墙基和青砖墙体，楼上是罗马柱结构的拱门、欧式的圆拱飘窗露台。这样的混搭，现在看起来，还是很时尚啊。

130 多岁的芒果树，进口味道

作为一个小地方的富豪华侨，吴家风光可谓一时无两。从馆内珍藏的 1932 年吴家大院平面图上可以看到，当时的吴家大院还叫作吴慎堂宅第，面积差不多是现在的三倍大，几栋碉楼式洋房是当时九江最高的建筑。果园林地、竹林、桑地、鱼塘组成了他们家的后花园，蔚为壮观。

哦，对了，参观吴家大院，一定要去看看那里的芒果树，据说是吴老板当年从越南带回种下的，至今有 130 多年历史了。盛夏乘凉，说不准砸一个下来，还能尝尝这进口芒果的滋味呢。

TIPS

吴家大院位于九江十三湾中的第二湾，人民路 40 号，始建于清末光绪年间，占地 7000 平方米，是九江现存最大的华侨房。现为佛山市文物保护单位、九江侨乡博物馆，免费对外开放。

为什么清晖园百寿图只有 96 个字

来顺德，清晖园是必游的景点。每到周末，园外车水马龙熙熙攘攘；一旦进了园内，一切的凡尘浮躁霎时消弭，仿若进入了另一个时空。

第一次逛清晖园，一定会有迷失的感觉。作家朱千华先生在园林文化随笔集《雨打芭蕉落闲庭：岭南画舫录》中，就有描写：清晖园全园构筑精巧，布局紧凑。建筑艺术颇高，蔚为壮观，建筑物形式轻巧灵活，雅读朴素。园中有园，景外有景，步移景换，并且兼备岭南建筑与江南园林的特色。

清晖园故址原为明末状元黄士俊所建的黄氏花园，后黄家衰落，庭院荒废。至清乾隆年间，当地龙氏碧鉴海支系二十一世龙应时得中进士，将该园购入，由龙应时传与其子龙廷槐和龙廷梓。

虽贵为顺德的一张文化名片，但很少人知道园内的典故和妙处。

以船厅为例，相传是模仿昔日珠江紫洞艇建成，船厅的二楼据说原是小姐绣阁，曾住过龙家才华横溢、气质如兰的龙吟芗小姐。厅内花罩镂空成两排芭蕉图案，蕉下石头上雕刻的蜗牛栩栩如生，犹如齐白石老人阔笔泼墨之后再精心勾勒的飞虫。

而碧溪草堂内，有一幅只有 96 个“寿”字的“百寿图”。有人猜测，这也许是龙氏对儒道释的另类见解。清晖园就连花草也大有来头，院内的“玉堂春”，只准在御花园或贵胄官邸种植；船厅旁的紫藤、白茶花、米兰、九里香等已有上百年历史；白木棉、素馨花、水松等均是罕见的品种。

TIPS

清晖园位于顺德大良街道清晖路，享有广东四大名园之一的美誉，为省级文物保护单位。主要景点有船厅、碧溪草堂、澄漪亭、六角亭、惜阴书屋、竹苑、斗洞、狮山、八角池、笔生花馆、归寄庐、小蓬瀛、红蕖书屋、风来峰、读云轩、沐英涧、留芬阁等。 **门票：15 元 / 人**

藏富于民的顺德，民间嫁娶常常“一掷千金”。“黄金新娘”披挂上百金镯子金链子在这里见怪不怪，这个霸气的习俗很可能和这栋金楼有关。

碧江金楼：皇亲国戚的金子货真价实

碧江不是一条碧色的江，金楼倒确实是一座贴金的楼。

“金屋藏娇”的典故里刘彻是不是真的建了金楼，无从考究。而在碧江金楼却流传着一个真实的“金屋藏娇”的故事。

黄金新娘，足金足两

相传清嘉庆、道光年间，时任职清廷兵部职方司员外郎的碧江村人苏丕文衣锦还乡，在村里修建了一所“职方第”藏书楼，名曰“鹤赋”，这便是如今的金楼。

苏家盛极之时，慈禧将其干女儿、法务大臣戴鸿慈的女儿戴佩琼下嫁苏丕文的大曾孙。苏家将这座珍贵的藏书楼腾空作为婚房，并将黄金化成金粉，漆在新婚房随处可见的木雕之上。屏门、门坊、檐板、厅壁、天花藻井的木质雕饰均以真金镶贴。

酸枝木雕成的家具、屏风纹理细密光滑，表面如同镜面一般光彩照人，上面再贴上一层金箔，真正富丽堂皇、雍容华贵。

官家子弟娶了“皇家公主”为妻，夫贵妻荣，俩人白天在庭院中吟诗作对，晚上就在这藏书楼赏月添香。于是，成就了这段“金屋藏娇”的佳话。

歸而求之有餘師
論其世也是尚友

TIPS

碧江金楼位于佛山市顺德区北滘碧江村，属明清时期建筑。金楼古建筑群由泥楼、职方第、金楼、南山祠、见龙门等多座建筑组成，保留了干打垒、蚝壳墙、水磨砖、镬耳山墙。

门票：10元/人

宰相“刘罗锅”在此吟诗

碧江金楼之所以为人称道，还在于其建筑工艺与艺术价值。游客们在赞赏其炫目金饰之时，往往忽视了其巧夺天工的木雕工艺。仔细环顾四周门窗，你便会发现方寸之地雕刻着大千世界，但见龙飞凤舞，腾空而起，花鸟虫鱼，戏波展翅。动物姿态逼真，植物栩栩如生。

而苏家将藏书楼建设得如此豪华，也从一个侧面反映了当地对于读书的推崇。

咸丰年间县志早有记载，碧江最鼎盛时期人口众多，且多读书，是典型的文化儒乡，有“家无读书子，功名何处来”的传统。很多家的天井中还种着龙眼和桂花，取一个攀龙借贵（桂）的吉兆。

也正是这种学风，不少文人在碧江留下了足迹。

据说，清朝宰相刘墉（《宰相刘罗锅》原型）曾登此楼，与金楼主人吟风弄月，写下“翰墨丹青事事妍，湖山佳处寄才贤。几回禅院花争发，一夜山堂月正圆”的美妙诗句。

极力想象，这场景想来倒也不输王羲之作《兰亭集序》时“群贤毕至，少长咸集”的盛景。

□ 吃到了越南芒果吗？

□ 梁园的四个男神是什么关系？

□ 清晖园的五彩斑斓的玻璃窗名叫——

□ 碧江金楼的金子都藏在哪里？

通关秘籍

盖个章 打个卡

盖个章 打个卡

第9章 CHAPTER

一起回到小时候

榕树吟

君自何方来，南雄珠玑巷
君往何方去，岭南山水乡
村前大榕树，先祖亲手植
盼君如榕树，榕树苍且直
十年可树木，林木已苍苍
百年可树人，后世多流芳
悠悠越千载，古榕益繁荣
惟令文风盛，莫使先祖伤

逢简村：别样小桥流水人家

岭南多水乡，但如逢简一般四面环水、小桥流水人家的水乡很少，如逢简一般令人远离尘嚣的水乡，更少。

逢简地处顺德杏坛镇北端，水文资源极佳，绕村居水道逾10公里，辖区水道达28公里之长。村庄四面环水，以水道为界，河涌呈“井”字形，自南往北流过古村，汇入西江支流。

这里是顺德最古老的村落，西汉时已有人居住，至唐朝成村，清朝达到鼎盛，是历史上桑基鱼塘的重要基地之一。时光流逝，浮华远去，更多一份韵味。

初至逢简，还未欣赏一湾河水、水上古桥、两岸夹树构成的绝美画卷，仅村前的几棵大榕树，水乡的韵味已扑面而来。榕树已有上百年树龄，枝繁叶茂，树下老人乘凉，河边浣妇忙碌，河中孩童戏水，清风拂去繁华都市的浮躁。

步入村内，沿河岸漫步，榕树、蕉林交错，步道一侧老宅祠堂聚落，石板街道纵横；泛舟荡漾，村内河网如织，小木船吱呀作响，榕树的巨大气根漂浮水面，徐徐穿过宋、明、清三代各式古石桥，仿佛穿越了千年。

逢简被称为“顺德的周庄”，与周庄相比，多一份朴实。这样的地方，最适合携一卷诗书，坐在河边榕树下，度过一个午后。逢简曾出过 13 名进士、60 多名举人，当日书生河边吟诗作词，应是同样惬意吧。

劉氏大宗祠
騰盛世家家樂
昇平家家歡

TIPS

由于读书发家的人多，杏坛逢简村留下来的祠堂、私塾和古老大屋特别多，有刘氏祠堂、梁氏祠堂、李氏祠堂较具规模的祠堂。村内共有石桥30多座，其中最能见证当年水乡繁华的三座石拱桥为明远桥、巨济桥和金鳌桥。

自驾：逢简地处顺德杏坛镇北端，从大良出发经南国西路往杏坛方向，过新涌大桥，直走到罗水路口转右入古粉方向，到达加油站再转右即可。

阮埇村：“龙船脊”古屋的密码

高明阮埇村，“大夫区公祠”门口广场的南侧，屹立着一棵历经600多年风雨的古榕。古榕直径约3米，高15米，覆盖面积约400平方米，根深叶茂，郁郁葱葱。

史料记载，元朝至正年间（1341—1368年），区氏族人从南雄珠玑巷迁徙至现高明荷城街道荷富路一侧，定居于此。建村伊始，古榕便被种植。祠堂前的古榕，早已是村民的精神寄托。先祖历经艰辛，飘零至阮埇定居，一间祠堂、一树古榕，南北相望不离不弃，深意不言而喻。

古榕如村，古村如树。阮埇素有“高明第一望族”之称，文风兴盛，先后出过15名进士、48名举人、贡生一批。声名最大的当属明朝名臣区大相一家，父子四人，或抗倭御敌，或文采风流，名垂史册。

其中的秘诀，还藏于古村建筑之中。宗族规定，非有功名者，居住屋顶不得做“龙船脊”配置。镬耳屋象征着官帽两耳，有“独占鳌头”之意，这是对于历代村民读书入仕的最大激励。村内老人称，兴盛之时，村内留有20多座“龙船脊”古屋。

经历数百年的风雨飘零，村内仍存有建于清代康熙年间的12座连排民居，当年古村的兴旺发达，可见一斑。

长岐村：长寿村那棵“包榕”

游玩三水区长岐古村，是种享受。

古村位于文笔山前。自山顶俯瞰，数百间古屋，坐西向东缓缓铺展开来，被一条水道环绕其中，宛如一幅古典山水画卷；沿石阶下山，穿过巷道至村口，两口水塘，倒映四株几人合抱不来的大榕树，神思悠远。

古村的山水风景，早在宋代便已名声在外。800多年前，诗人杨万里到广东为官，乘船路过青塘——现今芦苞镇，诗兴大发，写下《明发青塘》：“芦荻叶深蒲叶浅，荔枝花暗楝花明。船行两岸山都动，水入诸村海旋成。”

村内至今流传着一个传说。宋徽宗年间，国师赖文俊行至三水岐山，见山峦起伏，九曲河蜿蜒，又有两口方塘，遂写下两句诗：“长岐犬吠岩前月，众洞横拖径底船。”预言十代之后，将有钟姓族人在此开枝散叶，并告诫钟氏，莫独食，须包容他姓。后果如其言，钟氏、何氏、卢氏均陆续定居于此，令长岐村兴旺发达。

榕树的寿命可达千年，而长岐古村也是闻名佛山的“长寿村”，2010年12月9日，联合国国际老龄研究所也来此探询长寿密码。俗话说有容乃大，长岐古村的古榕、村民间的包容，恰如斯言。

松塘村：池塘边的榕树上，知了见过很多学霸

南海松塘村的榕树并非特别高大，多栽种于池塘边。池塘很大，占地数十亩，残阳晚照之时，斑驳树影垂于绿水之间，飞鸟掠过，凉风习习，树后是序列宗祠，深巷民居，自有一份清幽古朴。

这样的环境，极容易出文人雅士。更何况，松塘村三面岗峦环抱，村内一池绿水延绵，居所环建，巷巷朝塘，尤其适宜读书办学。可以想象，区氏先祖当年定居于此，是很花费了一番心思的。

史料记载，松塘村建村于宋理宗年间（1225—1264 年），始祖区世来（宋朝儒士区桂林之子）从南雄珠玑巷南迁至此。相传村口的池塘边曾有一棵参天古松，松塘也因之而得名。

自建村以来，松塘村便以治学之盛、能才辈出、科甲辉煌而闻名。明清时期松塘村人才辈出。村史记载，仅清朝嘉庆、同治、光绪、宣统年间，松塘村就出了4名进士、5名举人，官至钦点刑部主政、钦点内阁中书等，有3人进了翰林院，这在广东省都是非常罕见的。松塘村也因此有了“翰林村”的美誉。

今日漫步于松塘村内，依然能感受到学风厚重。村里至今仍保留着多间“书舍”“舍学”，祠堂前还一列排开着14块旗杆石，那是科举应试获得功名者成绩的象征。松塘村保留至今的历史牌匾上刻着“司马第”“大夫第”“太史第”，透着一股书生气。

悠悠数百年，风雨飘零，村口的池塘、池塘边的榕树、榕树旁的旗杆石多了一份历史的凝重。每至中高考之时，总会有家长来此祈愿。

莲塘村：被央视盖章的“最美古村”

《西洲曲》中有首诗：“采莲南塘秋，莲花过人头；低头弄莲子，莲子清如水。”这首诗形容莲塘村，最为相宜。夏日满池飘香的荷花塘，端午时节爽口无渣的沙口笋，传承千年的舞狮习俗……漫步莲塘，十分惬意，难怪央视将其推荐为“最美古村”。

莲塘村坐落于禅城张槎，建村于元代延祐六年（1319年），陈氏先祖怡莲公移居莲塘，与招姓女子结婚，落籍莲塘成为陈氏开村始祖。至今村内99%的人家都是陈姓，系佛山“玉冰烧”的创始人——陈如岳的后人。

与其他古村相比，莲塘很多老屋、祠堂随着岁月变迁而不复存在。“昔日的田园风光，将被市井烦嚣所取代，昔日亲密无间的聚落文化氛围，渐渐地被来自五湖四海的人群所打破。”2005年完成的《莲塘陈氏族志》开篇如此写道。岁月悠悠七百年，家谱完成前，可供村民共享回忆的，只有老人间口口相传的祠堂，以及祠堂前饱经风雨的大榕树。

岭南榕树的最大特点

便是根系发达。俗语说，树高千尺也不忘根。莲塘古村便是村民心中的根。传承数百年的龙舟文化，至今被村民保留，张槎唯一一个龙舟龙狮训练基地就坐落在莲塘，队伍每周三次训练，常出征海内外，凝聚起莲塘村人的乡音乡情。

村内已经建好的古式牌楼、主帅庙、南狮博物馆、陈太吉酒文化展览馆等仿古建筑，正在迎接岁月的洗礼。古老的莲塘村，如一座翻新的酒坊，酿制着历史的悠远厚重。

林福江 摄

南海

上金瓯松塘村、百西村头村、烟南烟桥村、汤村村委汤南村、高边村委璜溪村、共同社区孔西村、叠南村委江头村、仙岗村、简村、狮岭村委黎边村

高明

罗稳村委深水村、上秀丽村委阮埇村

原汁原味岭南风情

佛山最值得探寻的古村落

三水

长岐古村、富景社区祠巷村、岗头村、独树岗村、大旗头村

禅城

莲塘村、紫南村委村头村、罗格村委孔家村、湾华村

顺德

逢简村、碧江村、沙滘村、鹤峰社区豸浦村及上村、沙头社区、龙眼村、马东村、林头社区

□ 村里的旗杆石是立给谁的?

□ 在长岐村喝一碗长寿水

□ 在逢简村坐一回船，去金鳌桥拜一拜

通关秘籍

盖个章 打个卡

盖个章 打个卡

第10章 CHAPTER

街头巷口 等你

佛山在老街里

玻璃幕墙下利剑般的光线
和咖啡杯旋起的黑色漩涡
仍未抹去
这座城的隽永
挥春街的一支饱蘸浓墨的狼毫落下
巷口腌杨桃的那一口清洌酸甜溅出
窗外那凉粉小贩的叫卖响起
瞬间
就被带回那老街交错的佛山

福贤路：左手繁华，右手流年

“左手繁华，右手流年。”念出如此需要配合45度角仰视姿态、泪流满面又逆流成河的句子，在佛山，未必是伪文青，更有可能他是站在了福贤路的街口。

福贤路其实非常非常短，从街头到街尾只有600米，而且只有两车道，一到高峰期，车龙就堵在这繁华和流年之间。这条马路建于20世纪初期，街道两旁多为两至三层商铺，建筑风格是中西合璧的民国风。在20世纪的大部分时光里，福贤路是四大名镇之一——佛山重要的商业中心。

从福贤路南往北走，左手那是真繁华，昔日的骑楼商铺都已修葺一新，现在都属于岭南天地，各种情调小店、酒店餐吧、岭南老铺都藏身在那镬耳楼下，再远一点就是佛山祖庙，周末那叫一个人山人海，十分繁华。

右手流年也不假，全国文保单位东华里就在这里。东华里是珠三角乃至整个广东省保存最完整的清代城镇街道，原汁原味的岭南风，曾叫伍杨街，清乾隆年间更名为“东华里”，后又迁入骆氏家族。该族的骆秉章当时在朝中为协办大学士、四川总督。这里就是过去佛山名门望族、达官贵人聚居之地。

处于繁盛之中的福贤路很美，想追溯的话可以翻一翻《印象·福贤》，那是佛山画家崔国贤、崔衡晋历时六年，合力创作的纪实长画卷，记录了20世纪五六十年代的福贤路旧风貌，把昔日每一栋骑楼、每一条窄巷、每一寸光影都重现在画卷上了。

快子路：成双成对，非你不可

冷笑话一则：佛山的快子路和“快男”“快女”毫无关系。勉强附会的话是快快得子，真实含义真的是我们天天在用的筷子。

接下来这段有点绕：直至清末也并无“筷子”说法，只有“箸”，快子是民间俗称，后又造了个“筷”，直到1915年才入《中华大字典》，才有了“筷子”。因而路名追溯起来真的是快子路，后变筷子路，2015年又变回快子路。

其实叫什么并不重要，做人最重要的是开心。毕竟广东人什么都能往意头上扯，丝瓜要叫胜瓜，伯母要叫伯有。所以叫快子路时被民间附会为快快得子，快子路寓意成双成对，不管三七二十一，反正结婚这一天逛完祖庙都要来这里遛弯，求个心安理得。

从路名都能看出来，昔日这里没有附近的公正路、锦华路、福禄路这么高大上，多是制铜铸铁的铺头，随着早年道路改造，商铺早已择地重建。快子路反而迎来新生，成为挥春街。每年春节前夕，数十档挥春摊位守候于此，老人们拿起毛笔一挥而就，红色的春联、金色的毛笔大字，成了这座城市的春节装饰。

中午是挥春街最热闹的时候，来写挥春的客人络绎不绝。这里以骑楼的柱子为界，每两条柱子之间两米不到的空间，就是一个摊位。“朱伯挥春”“杨伯挥春”“泉伯字档”“同福挥春”……挂满墙的红底黑字挥春，为老街抹上活泼一笔。

BC989

华盖路：最正宗双皮奶老店，能不想来？

华盖路的现状，是一条岭南特色的商业步行街。街道的两旁岭南骑楼蜿蜒，粉黄、粉绿、粉蓝的马卡龙色是基调。

这也是顺德大良最早的商业步行街，改建于1998年，全程约两公里，街内有多家名牌连锁店，主要经营服饰，兼有百货、小吃，虽然比不过广州上下九或北京路热闹，但在大多数顺德80后、90后的记忆中，华盖路步行街就是顺德逛街购物的唯一选择。

小时候和小伙伴坐公交车上大良，步行街是一定要去的。要么去最大的购书中心看书，要么顺着长街闲逛，走到尽头处还一定会去青少年宫，玩碰碰车、坐海盗船，吓出一身冷汗。

如今，商业中心的崛起冲淡了步行街的商业地位，这里更多成为游客漫步的一景。譬如说从毗邻的清晖园参观出来，游客们多是顺路过来看看骑楼景致。好在步行街的双皮奶老店还在，民信和仁信两家老店相映成趣，成为游客们不得不来的一个理由。

其实，华盖路在成为商业步行街之前就是顺德县城内一条主要的街道，是顺德丝绸、双皮奶、笔墨书砚、大良梳篦等特色商品和金银店铺的汇聚之地。民国时期，华盖路曾密布蚕丝销售店，举办过蚕丝展览大会；20世纪60年代，顺德县第一百货公司位于此处；1974年附近建成顺德最早的凤城影剧院；20世纪80年代，华盖路成为顺德县城照相行业一条街；中华人民共和国成立后，顺德县委会、法院、公安局、消防大队都位于华盖路附近。

2012年，大良街道在步行街两边的外墙上挂上了一幅幅旧照片，诉说着顺德人的老街情怀，也可以是，对老街未来的一种希冀。

三洲老街：一格马仔，哄住鼻涕虫

每一个高明人都有一份三洲老街情结，尤其是现在为一日三餐奔波的那些大人。

地处珠三角西翼的西江河与沧江河交汇处，三洲逐渐成了高明当时最为繁华的商埠。对牙牙学语的稚子而言，小小一格的“马仔”，凝聚了那一代高明人对三洲老街的最深印象。

那时，由大人们牵着手来到三洲，耳边全是大人们的叮嘱：“抓紧我的手”“不要走丢了”“看着车子”……眼中全是比自己高大得多的人和车。小小人儿哪见过这么大的阵仗，一声哭啼立刻就响彻全街。大人们一看周围，大家都在专心致志地货比三家，赶紧半拖半领着孩子，来到卖马仔的小摊。

“给我一格马仔（一种类似萨其马的小吃）。”大人从口袋里匆匆掏出一毛钱，塞到商贩手中，拿起一格马仔就塞到孩子手中。孩子双手捧着，鼻子里都是马仔的香味，哭声不自觉就止住了。轻轻一舔，就再也放不开手。

孩子逐渐长大成人，读书、谈恋爱、成家立室，依然忘不掉马仔的味道。这种用面粉、鸡蛋做出来的香脆甜糯的食品，从一毛钱一格到五毛、到一块钱，见证着一代人的成长，见证着老街的老去。

以前门庭若市的商号变成了破败的旧房，小贩的必争之地长满了青苔，墙上的红漆褪色变成了斑驳的结块……老街老了。那个曾经的孩子，还依稀记得那些用竹竿点着水的商家，撑着一船又一船的时兴货物来到三洲，各自支起自己的小摊，讨价还价之声此起彼伏，三洲从早市一直热闹到晚市，仿佛没有尽头。

中山老街：三水的“小联合国”

中山路以前不叫中山路。

地处西、北、绥三江汇流之地，三水因水路贸易发达，可追溯至明末清初。中山路以前叫什么名字，无处可查，只知道这里曾是三水最繁华的地方，曾经的石板路改造成了水泥路，名字也因纪念革命先驱孙中山先生而改成了中山路。

中山路有多繁华？万国酒店、南华商场都曾经在此盛极一时。前者是三水西南城区最为老字号的酒店，后者是三水计划经济时代唯一一所百货商场。20世纪 90 年代初中山路开始没落，相邻的文锋路、新华路逐渐成为三水商业区的中心地带；后来，三水广场开业，中山路更显凋零。

漫步在中山路，一路上能看到形式多变的建筑。黄色外墙的苏式建筑隐

藏着当年的辉煌；圆顶的西洋小楼也曾被人艳羡过；依然方正的西关大屋提醒着屋主曾经的光鲜……一条中山路，浓缩着自民国以来的各式建筑风格，成为三水发展历史无声的记载者。

如今的中山路，两旁开着售卖日杂渔具的商铺，到这里来逛街的，多是老街坊找老朋友喝喝茶、叙叙旧。毛色不再光鲜的老猫厌倦了飞檐走壁，躺在门阶上发出舒服的呼噜声。夜幕降临，老猫有点不习惯这么早就安静下来的老街，伸个懒腰，穿过门洞回屋子去，将老街留在了身后。

本章彩蛋：
专供自拍、发呆、发朋友圈的园区，这有一打

papi 酱有一句关于女孩子的至理名言，所谓闺蜜们的聚会就是，相约在咖啡厅自拍一个下午。

保利西街

小资满满最适合自拍

千灯湖边的西街，地理位置优越，小资情怀满满。大大小小的咖啡馆和酒吧分布在千灯湖的一侧，在湖光水色加持下，入夜的她有一种摄人心魄的美丽，在这里浪起来最适合。简直可以和好闺蜜岭南天地 PK。

地址：南海区千灯湖保利西街

1506 创意城

“闷骚而矫情”的范儿

1506 创意城走的则是另一种画风，有点好玩，有点新潮，又有点文艺，当然这种地方最适合自拍。500 年的古窑南风古灶，以及其间隐藏的艺术作坊，让她带了一股天然的“文艺骚气”，“闷骚而矫情”，但是她也胜在此处，加上石湾公园的湖，水波潋滟颇得人心。当然酒吧、咖啡馆等拍照圣地绝不缺少。

地址：禅城区南风古灶片区

佛山创意产业园 供图

佛山创意产业园

为吃货而设

多年前她亦是文艺一姐，不过慢慢开始商业化，如今除了酒吧、咖啡馆外，更多的是吃吃吃。餐馆林立，简直是吃货的天堂。各种外国人开的外国菜系，几乎都是最先选择这里落脚，比如西班牙菜的橘子花餐厅。而意大利菜、土耳其菜，日韩餐馆就更多了，特别需要说明的是，创意产业园每周末都有各种文艺趴、创意市集、展览。

地址：禅城区季华四路 33 号

☐ 快子路写一幅字

☐ 骑楼下拍一组照片

☐ 在老街吸猫

通关秘籍

盖个章 打个卡

盖个章 打个卡

第11章
CHAPTER

查笃撑 风靡百年的佛山好声音

聆听

风吹过粤剧博物馆的墙壁
唱念做打，那名伶身迹
曲声遥远却清晰
惊蛰时的雨滴
落在茶基村的草地
十番锣鼓带着喧闹气息
龙舟说唱的往事
街头老人向城市叙说曲艺
这腔调他最熟悉
粤曲星腔小明星
倩丽身影追忆百年
生旦净末丑
演尽
悲欢合离

广东粤剧博物馆为何在此？因为是发源地啊！

初春的午后，当你背着包从广佛线普君北路地铁口出来，迷茫地问路人，附近哪里值得一去？如果恰巧遇到了一名老佛山，他一定会给你几个去广东粤剧博物馆的理由。

作为中国古代四大名镇之一，佛山是粤剧的重要发源地。从地铁口行至兆祥黄公祠的大理石门槛，优美的粤剧之声绕过几米高的青砖墙流淌而来。中国大陆首个大型粤剧博物馆，就在眼前。

粤剧博物馆馆内藏品令人叹为观止。一个四进院落，坐西向东，在这个偌大的建筑里，足足有2万件粤剧文物。不必说琼花水埗遗石、琼花宫香炉、宫灯等珍贵粤剧文物，也不必说大量清代和近现代的粤剧剧本、木鱼书、海报、戏桥、戏服、乐器以及最早的粤剧电影、唱片、剧照、名伶书画等文物，单是各类粤剧戏台、红船班的道具就足够吸引你的眼球。

如果你的运气足够好，你还能遇到导赏队伍中唯一的外国人——来自加拿大的Derek，他全程提供免费的英文导赏服务：从任剑辉、凤凰女、薛觉先、马师曾用过的道具戏服，到顺德的八音锣鼓柜，让粤剧界人士一提就动情的“琼花会馆”模型图……“传统文化 + English”，会是一次怎样的体验之旅？试过你就知。

粤语小灶

查笃撑：是粤剧开幕时音乐的拟声词，钹、梆子等形成“查……笃笃笃……撑”的声音，一般被引申为好戏即将开场。

TIPS

广东粤剧博物馆坐落在佛山市禅城区兆祥路的兆祥黄公祠，是广东省重点文物保护单位，免费对公众开放。可搭乘地铁（广佛线）至普君北路站，从 E 出口出来，步行或坐公交至“兆祥公园”站即可。

考考你：唱龙舟和扒龙舟什么关系

春雨连绵，顺德杏坛逢简村内，河水盈盈，老树蓊郁，古桥重重。细雨湿流光的水乡风情胜似江南。

如果足够幸运的话，你会在榕树下偶遇日渐消失的岭南绝唱——龙舟说唱。此龙舟并非端午龙舟竞技，而是一种广东独有的说唱艺术。粤语说“唱龙舟”“扒龙舟”，是有区别的。今人大多只知“扒龙舟”，不识“唱龙舟”了。

说来有趣，龙舟说唱的起源跟扒龙舟关系真不大。话说当时顺德龙江有一破落公子阿德，不事农耕，只好卖唱度日。他就自制一副小锣鼓挂在胸前，手提木雕龙舟作为标志，沿街卖唱。“龙舟到门前，添福又添寿”“出入平安万事胜，东成西就百业兴”，开口就唱、伴奏简单的龙舟说唱，如珠江水一样流遍富饶的珠三角地区。进入民国，说唱艺人除了到人家门前唱祝颂词，也在码头、祠堂、村头等公众场合演唱，内容也从吉利话演变为讲故事。一曲唱罢，说唱者解下铜锣作盘，走向围观人群，大家便随意打赏。

龙舟艺人就算衣着“烂身烂世”（衣着不光鲜），手中龙舟也定要精美风光，这是一种传统。龙舟长约 30 厘米，四周挂红布裙，船头船尾精雕细琢，船内有小木偶，船桨与船底铁环相连。拉动铁环，木偶就整齐划桨，栩栩如生。龙舟举起的方向也是有讲究的，船头向外，木桨就扒水向内，以水为财。有龙舟艺人到门前，店铺老板都会打赏。

以小桥流水为背景，闲坐在百年榕树下的石凳上，泡上一壶上好的铁观音，听一段讲述顺德历史的龙舟说唱，品一段岁月静好。

龍舟集
之一

茶基村十番：老祖宗的打击乐，帅到没朋友

有人说，十番太吵，像10个三岁的小孩儿在“大闹天宫”，耳朵简直被吵到“不要不要的”。可那种热闹，又足以秒杀男女老少，让围观者驻足。它的魅力，可真让人“又爱又恨”。走进南海茶基村十番，壮观的表演场面，铿锵悦耳，热闹是他们的，也值得你围观。

花样百出的耍飞钹出场，表演者一手持数尺彩索系着的小铜钹，用手腕抖动彩索，让飞钹在空中环回翻飞；另一手则紧执另一小钹，因调准切击点的不同而分为左飞、右飞、阳飞、阴飞和过头飞，这些都是极为讲究的技法。这些乐器，足够让你的耳膜接受一场“洗礼”。如果你在乡中民俗节日来，更是大饱眼福。如果非得推荐，那就是端午节赛龙夺锦或者“无十番不算秋色”了。

回过头来看看这个桂城西北角的宝地，“古以栽种茶树命名，今

以十番锣鼓闻名”。村中老者讲述，叠滘茶基村何广义堂十番队承传至今，是唐传乐宝剩下的“一脉单传”。佛山十番被列入第二批国家级非物质文化遗产保护名录。有老技艺“撑腰”，2013 年茶基村入选中国传统村落。

TIPS

十番锣鼓起源于唐朝，是凯旋乐的一种，流传于北方，明代盛行于江南。明永乐年间（1403—1424 年）传入佛山叠滘。距今已近 600 年。十番乐器计有沙鼓（又称沙滴）、大鼓、云鼓各一个，二锣、高边大锣、翘心锣、苏锣各一面，大钹一对，小钹八到十对。

一百年前的天后级艺人

在粤剧界，能得一“腔”之名以冠之，必定是开山宗师级人物。“小明星”邓曼薇，正是这样的一代宗师。

20 世纪初，佛山三水西南镇伏户墩头村一户邓姓人家中新添了第 8 个子女，本名小莲，乳名八妹。八妹长到 4 岁时，因家贫被送到广州做养女。也正是这位广州养母，促成了她的戏曲之路。她在永汉南路（今广州市北京南路）的“咏觞”茶楼首次登台，艺名“小明星”，年方 15 岁。只上过几天私塾的邓曼薇，既没有惊人的美貌，也没有过人的学识，仅凭一番苦心钻研，得创粤剧“星腔”。时人对邓曼薇独创的腔调有如此评价：感情细腻、低回婉转、缠绵悱恻、沁人肺腑，在行腔运气、吐字转板、声韵格调方面自成一家。

人们提起"小明星"邓曼薇，无不对其自创"星腔"多有赞颂，而可能不太知道，这位粤港天后级名伶短暂的一生历经战乱、豪强的逼迫、多次情伤，最终贫病而亡。相传"小明星"邓曼薇去世前一天，仍在广州爱群大厦附近的先施公司天台音乐茶座抱病演出。一曲拿手名曲《秋坟》唱至"鸳魄未归芳草死，只有夜来风雨送梨花……"一韵未完猝然吐血倒地。翌日，伊人芳魂永逝，时年31岁。

"小明星"一生悲苦，却坚强执着，执着于戏曲，执着于爱情。而她所演唱的名曲亦大多是苦情曲，如《痴云》《多情燕子归》《秋坟》《前情如梦》《夜半歌声》等。亦有人说，也许没有她的凄凉心路，也就没有了那些如泣似诉、余韵难绝的名曲。很难说清，粤曲与她，到底是谁成就了谁。

"小明星"因自小离家，她在三水的故居如今只余一处空锁的荒废院落。她身后安葬在广州小北附近，据说至今还常有广州戏迷前往拜祭。每年7月她的忌辰，粤港歌粉都会组团来扫墓。假若你在佛山的K T V里，搜索《风流梦》或《夜半歌声》，至今仍能细细品味一个世纪前这位粤港歌后成名曲的独特魅力。

名伶档案

白驹荣：粤剧白派艺术创始人。原名陈荣，字少波，顺德人。因为表演技艺精进和艺术造诣高超，被誉为“粤剧小生王”。他在粤剧界较早将观众难以听懂的舞台官话改唱白话（即广州方言）。念白有声有味，演唱吐字玲珑，运腔简朴流畅，令人感到韵味无穷。

马师曾：字伯鲁，号景参，顺德桂洲马地桥人。曾拜著名小武靓元亨为师，擅演丑生、小生、小武、花脸、须生等行当，独创的“乞儿喉”，顿挫分明，有时还糅入方言俗语，活泼滑稽，成为脍炙人口的马腔。

薛觉先：原名薛作梅，别号平恺，顺德龙江镇十三坊人。他借鉴京剧，吸收江浙剧小曲及时代流行曲轻快流畅的长处，独创了一种节奏感强的唱腔，人称“薛腔”。薛觉先能编善演，戏路宽广，以文武生见长，又能反串女角，兼演红生，人称“粤剧伶王”“万能老倌”“万能泰斗”。

桂名扬：原名桂铭扬，出生于南海。他对马师曾、薛觉先的表演艺术均有所借学并融会贯通，自成一家，人称“马形薛腔”，有“金牌小武”的名号。

李海泉：顺德均安上村人，著名粤剧丑生、小生演员，著名武打巨星李小龙的父亲。20世纪30年代李海泉以擅演“烂衫戏”而著称。他多才多艺，武丑、网巾边、二花面均表演精致独到，以担纲演出《打劫阴司路》《烟精扫长堤》而闻名剧坛。

罗品超：原名罗肇鉴，人称鉴叔，祖籍南海县南庄龙畔村头。自小酷爱粤剧的他12岁入行，塑造了一批批性格迥异、令人难忘的人物形象。

任剑辉：原名任丽初，又名任婉仪，南海西樵人。14岁跟随姨母小叫天（粤剧女小武）学习粤剧。任剑辉对粤剧一流文武生桂名扬之唱做极为心仪，闲时便往戏院打戏钉，从中偷师学习，任剑辉的身形台步极受桂名扬的影响，因而有“女桂名扬”之称号。

20世纪20年代，粤剧人才辈出，异彩纷呈，以白驹荣、马师曾、薛觉先、桂名扬、廖侠怀为代表的粤剧五大流派脱颖而出。此后，又陆续出现了凡腔、红腔、虾腔、新马腔、风腔等。

林超群 白雪仙

靓少佳 梁荫棠 半日安

罗家宝 新马师曾

林小群 邓碧云

少昆仑

冯镜华 小神鹰

冯少侠

- □ “小明星”独创的唱腔叫——星、月、云？
- □ 十番是个地名吗？
- □ 在广东粤剧博物馆找外国人义工练口语

通关秘籍

盖个章 打个卡

盖个章 打个卡

第12章 CHAPTER

屋企总有佛山造

钢铁侠的温柔

从没有想过
一个工厂、一个产业聚集地
也会成为下一站目的地
有多强大
会很有趣
从纯手工到全机器
技术迭代
匠心未改
他们把曾经的血汗、智慧、辉煌
都收藏在这些神奇的博物馆
钢铁侠有柔情
工业城市的独家浪漫

粤语小灶

屋企：家、家里

蒙娜丽莎想不到，此处有她两套豪宅

她的笑容为世界各国痴迷，

她的产品行销世界各地。

她们叫“蒙娜丽莎”。

距离佛山市中心祖庙开车 40 分钟即可到达景色宜人、空气清新的西樵镇，而中国的“蒙娜丽莎”就起家于此。

这里并非只是一个工厂，它藏着一个艺术长廊：“中国蒙娜丽莎文化艺术馆”。二楼的空间，有 1800 平方米，它也是世界第一大蒙娜丽莎文化艺术馆。在蒙娜丽莎走廊里，来自文艺复兴时期的报纸、书籍、杂志、邮票、明信片，静静地躺在两旁的玻璃柜里等待着人们去品味，微微破损的毛边、泛黄的纸张，将人带回到中世纪的欧洲。200 多件珍贵的文物，诉说着蒙娜丽莎、达·芬奇

们的故事。那一个个谜团，就像是滴在水中的墨汁，缓缓地氤氲开来。

相距约一公里，一栋红色外墙远远望去颇像是一座画廊，真名叫“瓷艺馆”。依然是红色砖墙的连廊，两旁挂着各种名画，细细品味才觉出其中的不同，原来它竟然是由陶瓷制成，摸上去有轻微纹路的触感。拿破仑大厅里，正中的征战图里，拿破仑眼神锐利，勒马的动作英武帅气，仿佛就要穿过时间隧道而来。再往前，气势磅礴的《清明上河图》在瞬间闯入眼帘。感叹画作之余，也更感叹科技带来的改变。

TIPS

中国蒙娜丽莎文化艺术馆位于南海区西樵镇，由蒙娜丽莎集团打造，免费向公众开放。通过 36 个章节、68 块展板、约 8 万字的中英文解说词诠释蒙娜丽莎和达·芬奇以及和他们相关的历史故事。

开放时间：周一到周五 9：00—17：00（周六日参观需预约）

电话：0757–81893927

地址：南海区西樵太平工业区蒙娜丽莎集团绿创园

金意陶 kito 展馆：画廊混搭“黑科技”

去过很多展厅，也看过很多瓷砖。走进金意陶 kito 展馆的一刹那，还是会被惊艳到。空旷且中空的设计，让空间显现出纵深感，令人马上就有一探究竟的欲望。在大堂一角，有雕塑思想者垂眉沉思，倒映在水面，中国有句谚语“智者乐水，仁者乐山”，中西文化中代表智慧的符号，在这里和谐相融，透露着建筑师的匠心。

拾阶而上，二楼酷炫科技感十足的玻璃屋让人眼前一亮，它由五面镜子和一面 LED 平面组成，720° 光感体验效果，让人恍然置身 N 层叠加的空间，像进入了“盗梦空间”的幻境，乐趣丛生。

TIPS

金意陶新总部位于佛山智慧新城 CBD 中心，总部面积超过 1 万平方米，1—3 层是展厅，由意大利设计大师 Flaviano Franchini 设计，中西方元素交融。展厅由三大馆组成，第一层是形象文化馆，第二层为科技休闲馆，第三层是质感生活馆。

金意陶思想馆地址： 禅城区季华一路智慧新城 T6 栋 1—6 楼

咨询电话： 4008-678-488

0757-82533888

穿过黑科技玻璃屋的门厅，三楼展现在眼前的是另一个简约时尚风格的世界。黑和白的主色调，添加米色或者黄色的色调，整个空间平静而舒适。一幅幅艺术品，让参观者仿佛置身画廊。黑白灰，这些“性冷淡”的色调在“金意陶之家”家居模拟体验区和谐而统一，整个展区透着思想者的冷静，又不失居家的温馨。

哦，对了，二楼还隐藏着一个秘密基地——咖啡休息空间，东野圭吾、马尔克斯和黑格尔、洛克、荣格共冶一炉。午后叹杯咖啡，读本书，享受这一刻的幸福。

九江双蒸博物馆："饭醉"分子的天堂

"喜得儒林陈佳酿，助吾茅舍款嘉宾。"这首诗出自康有为的老师朱九江之手。"儒林"说的是九江，"陈佳酿"就是大名鼎鼎的"九江双蒸酒"。

如果是香港电视的忠实拥趸，一定会熟悉九江双蒸，香港TVB曾拍摄清装戏《九江十二坊》，港星陈锦鸿和林保怡演绎了九江两大制酒家族的恩怨情仇，就是在九江取的景。戏里有这么一句对白让我印象深刻："这双蒸，是我的心肝宝贝，喝也行，炒菜也行。这两道菜'酒浸花螺''酒蒸鱼头'全靠它了。"时至今日，几乎每个珠三角家庭厨房都会备这么一瓶双蒸酒。所谓双蒸，说是九江有一家名为"友隆兴"的夫妻档酒坊，妻子拿着刚刚蒸出来的酒准备搬走时，不小心摔了一跤，把整埕酒倒在了一桶还没有蒸的酵饭里，干脆又蒸了一次，研发出惊艳世人的新品种。此后，包括"友隆兴"在内的九江12家小酒坊整合在一起，变成了今天的九江酒厂。

真正要感受岭南的双蒸酒文化，九江双蒸博物馆不容错过。在四楼的古代展馆，可以穿越到当年的九江十二坊，那里陈酒陶缸最老的过百岁了。在三楼的现代馆，会教你用酒做菜、如何解酒，如果真想醉一把，还可以直接走进醉酒小屋，感受一下头晕目眩、步履轻浮的醉态。

什么？还想真醉一把？旁边的特色餐厅里，有酒厂人用米酒搭配新鲜食材烹饪出的"全酒宴"：花雕炖鱼头、火焰虾、醉鹅，在粤菜的精致中夹裹着浓郁的酒香味。

我估计你最爱的还是这个环节。

梁平 摄

TIPS

九江双蒸博物馆是由广东省九江酒厂有限公司主持建设的企业文化博物馆，规划建筑面积约4000平方米，是国内首个米酒博物馆，对广大市民免费开放，预约可提供免费导游服务。

地址：佛山市南海区九江镇沙口工业区广东九江酒厂有限公司内

开放时间：周一至周五 8：30—16：30，周六日 9：00—16：30

平洲玉器街：芝麻开门，全是翡翠玛瑙玉石

“钻石恒久远，一颗永流传”，那是西式的承诺。在许多东方人的眼中，翡翠玉器，才能表达爱的唯一。不经过淬炼雕琢磨合的爱情，怎能传世？

南海桂城的平洲玉器街，是琢玉的好地方。这里不出产玉石，这条只有1.3公里的老街，却是全国最大的翡翠玉器成品的产销交易地。从最早的平东村玉器老街，到现在的玉器大楼、翠宝园、璞玉园、赌石文化体验中心、琢石展示馆，放眼望去，全是价值连城的翡翠玉石。

除了各种精美琳琅的玉器，这里的广场、小桥、牌坊、建筑、古城、庭院亦充满了中国古典文化的韵味，占地面积约450亩的翠宝园里，东平河水被引入其中，成为“玉水环绕”一景；石板路、小桥流水、古城风格建筑，让你恍然走进了西部丽江古城。

不如带上爱人，漫步在这古意盎然的玉石老街里，赏玩玉镯，观看摆件，亲眼见证玉琢成器的过程，然后选一只心仪的手镯，套进她的手腕，就这样套着一辈子。

TIPS

平洲玉器街玉文化体验路线推荐：平洲玉器街—平洲珠宝玉器协会翡翠精品展厅—翠宝园珠宝玉器城—璞玉园彩色宝石首饰城—玉石投标交易会赌石文化体验中心—琢玉（加工）和玉雕作品展示区（永昌珠宝、玉田山房）—玉廉广场

乐从罗浮宫：快来破译达·芬奇密码

罗浮宫国际家具博览中心，是个什么地方？世界单体建筑面积最大的家具展览馆？一站式采购家具？ NO，在罗浮宫，你可以过一把侦探瘾，寻找一下那传说中的达·芬奇密码——第 12 个星座。

罗浮宫星座广场于 2015 年揭幕，主要展示欧洲进口顶级家具。星座广场是国内首个“U 形”的超大室内欧洲广场，环抱着广场的是巨大的欧式墙和精美的罗马柱。这里每一扇窗户边都有一个不同的雕塑，形态各异，栩栩如生。

把目光往下移，脚下这 5200 平方米的广场地面，用大理石材质铺成的马赛克图案，选材和制作均在欧洲完成，整个铺贴过程均由专家在国外远程监控完成。各个星座的图标巧妙镶嵌在数十朵娇艳绽放的花朵中，数来数去地面只有 11 个

星座图，独缺水瓶座。这个星座像达·芬奇密码一样，神秘隐藏在整座广场中，需要你尽情发挥想象与观察力才能甄别出来。

约吗？来罗浮宫，寻找遗失的星座，探索达·芬奇密码。

TIPS

罗浮宫乐活苑位于中国家具商贸之都顺德乐从，是集旅游、观光、商贸于一体的特色名品商场，国民旅游商业示范点，国家 AAAA 级旅游景区，有多个主题展厅及餐厅，免门票。

咨询电话：0757–28839999

南国丝都丝绸博物馆：佛山人发家致富的秘密

有钱任性这话不假。佛山最不缺文化和闲情，一条老街一个公园逛下来，随便来场粤剧、剪纸、武术、陶艺、赏花，足以消磨半天慵懒时光，这里是正儿八经的岭南文化发源地。

话说回来，仓廪实而知礼节，佛山任性自在的资本何在？

南国丝都丝绸博物馆能告诉你，为何佛山在岭南富甲一方。

答案就是蚕丝。

顺德围海造田，凭桑基鱼塘而闻名，在宋代就大兴种桑养蚕。乾隆二十四年（1759年），清政府封闭各港，独留广州为全国唯一对外贸易港口，外商集中于广州采购生丝和丝织品，紧邻的顺德得地利之先，缫丝业飞速发展。1874年，顺德龙山乡开

办全县第一家机器缫丝厂，1887年顺德的机器缫丝厂就多达42家，缫丝工厂数占全省的90%以上，被誉为“南国丝都”。据《广东省志·丝绸志》记载，鸦片战争后到1929年，中国丝绸80%在广东生产，广东丝绸80%在顺德生产，岂有不富之理？

1952年，广东省和顺德县政府、中蚕公司投资在桂洲里村德胜河畔，筹建大型现代化生产企业国营顺德丝厂，也就是如今的南国丝都丝绸博物馆所在。

顺德人有多超前？早在1989年，顺德丝厂就成为广东省首家工业游的景点对外接待游客，并专门为此开辟了一个展销部，供游客参观制造丝绸的全过程及购买产品，鼎盛时每年都有近10万参观人次。随着蚕桑业的没落，2005年顺德丝厂破产，被有心人改造成为如今的博物馆，缅怀昔日的辉煌。

TIPS

南国丝都丝绸博物馆

博物馆占地16亩，馆内设丝绸文史馆、丝绸文化馆、养蚕馆、缫丝工业馆、纺织工业馆、岭南文化馆、丝绸精品陈列馆、“桑基鱼塘”和桑园等。游览者可以亲自体验种桑、摘桑、养蚕。

地址：佛山市顺德区大良新城区观绿路

营业时间：8：00—17：30

电话：0757-22826205

海天娅米的阳光城堡：打个酱油都是高大上的味道

佛山是美食之城，用心制作的美食，怎能少得了调味料？全球最大的酱油企业——海天味业就在佛山，来这里打个酱油呗。

海天味业专门为游客开发了一个大型工业旅游项目——海天娅米的阳光城堡。“娅米”名字取自英文“yummy”，美味的意思；“阳光城堡”代表的是坚持传统阳光晾晒的酿造酱油工艺。在这里可以通过实景展示、超大屏幕、3D影院、3D绘画、创意设计、全息影像、古代实景雕塑等各种创新有趣的方法，全面了解“调味料王国”的秘密。

你知道吗？海天酱油发源于清代乾隆年间佛山古酱园，已经有近300年历史。走进娅米的阳光城堡穿越时空，感受古人的酿造法，跨越任意门来到美味梦工厂，领教国际领先水平的全自动包装生产线、智能单轨车……哇哇哇，你一定会大呼过瘾。

TIPS

海天娅米的阳光城堡，省级工业旅游示范景区，分为室内两层及户外千米空中参观走廊两大部分，有 17 个景点。

地点：佛山市高明区高明大道 889 号

开放时间：周一和节假日次日闭馆，周末开放，节假日视乎预约人数安排。

上午 8：00—11：30　下午 13：00—17：30

可预约海天美味特色团餐服务，须提前 3 天电话预约

预约方式：

电话预约：0757-88629886　18022210580

微信公众号预约：海天酱油阳光工厂

□ 在平洲买了一块玉，杀价杀到几折

□ 罗浮宫没去找星座，买了一堆什么

□ 发一组九宫格文艺气息朋友圈

通关秘籍

盖个章 打个卡

盖个章 打个卡

第13章 CHAPTER

把手信带回家

Take Me Home

假如时光能回头
希望你，带我走
大自然的恩典与灵巧的双手
带给这片土地，最悠醇的酒
最温婉的纱
还有会讲故事的泥土

石湾公仔：我真的还想再“陶”五千年

这本书翻到这一页的时候，不妨稍作休息，比如晃动一下脖子，看一看你脚下的地板，那一块瓷砖，可能就是出自石湾。

日用陶瓷只是石湾陶瓷的一种，当然，马桶这种稍微欠缺点“情调”的也就不提了。哦，已经提到了。

其实，据说在五千多年前，石湾所在的当地居民就开始制陶了，石器时代晚期的贝丘遗址中已揭开烧陶的历史序篇。经过唐宋至明清，石湾陶瓷一度达到鼎盛。其实，有点类似于我们现在的“海淘”，那个时候的外国人，就已经代购或者海淘我们的陶瓷了。

公仔是地方方言，在北方也叫“娃娃”“小人儿”，不过石湾公仔可不仅仅是可爱的“石湾小娃娃”，除了各种历史、神话传说和小说戏剧人物，还有渔樵耕读等主题造型，康有为、黄飞鸿等名人也有入选。此外，飞禽走兽也是“公仔”的一种，风格多样，大胆传神。

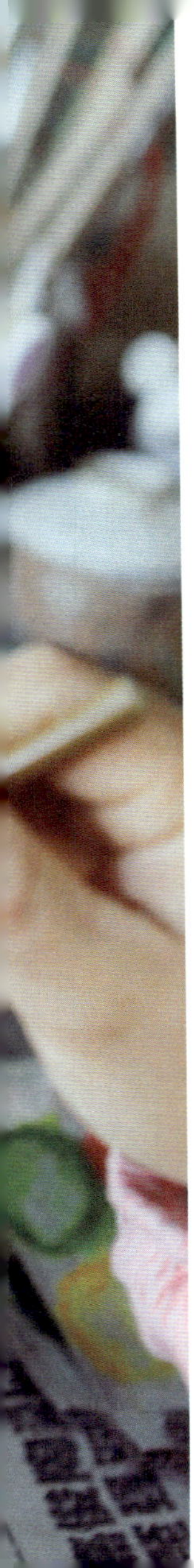

2006 年石湾公仔就被列入首批国家级非物质文化遗产。

在佛山石湾，是可以和“泥巴玩游戏”的。对，就是南风古灶。听起来很炫酷、很有岁月厚重感的地方。“南风灶”从明朝开始，至今已经有 500 多岁了。除了南风灶依山而建长达 234.4 米的“龙窑”，还有一座建在高庙背后的“高灶”。岭南人起名都颇为讲究，不论是“南风灶”“龙窑”还是“高灶”，都有饱含祈愿的玲珑心，特别接地气。

TIPS

石湾公仔街：抱着“I just see see”念头来的人，推荐你一定要去公仔街。这是一条仿明清建筑的街，在南风古灶和石湾公园之间，这里可以看，也可以买，更可以初浅地了解石湾陶瓷艺术。

南风古灶玩陶中心：不满足于“走过路过”的你，还可以亲自来“玩泥巴”。南风古灶有 3000 平方米的玩陶中心。由 500 年古龙窑烧制，500 年后你手中的作品，会不会有种“今人不见古时月，今月曾经照古人”的穿越感？

石湾美术陶瓷厂：“厂”也是景点？只能说这名字太低调了点。这里并不是单纯生产美术陶瓷的小厂，这里有 10 位国家级陶艺大师和 16 位省级陶艺大师，多年来一直开放生产车间和创作室供游客参观，这里也可以“把佛山带回家”。

“春运编织袋”想走国际范？学学香云纱吧

不管是南方还是北方，很多孩子们都隐约见过，外婆或者奶奶有一件颜色旧旧的衣服，只在比较正式的场合才会穿。而且，每次洗那件“旧旧的衣服”时，老人只是用清水浸泡，轻轻涮一涮。

孩子们长大了才知道，那就是香云纱。而它的发源地就在我大佛山，2008 年入选第二批国家级非物质文化遗产名录。

香云纱，佛山人称为莨纱绸，最重要的原材料薯莨曾被珠三角渔民用来浸泡渔网，增其韧性，巧合之下发现衣服沾上了薯莨汁后再染河泥会发出黑色的光亮，久而久之衣服还会越穿越软。渐渐地，生产丝绸的农户将这种渔民浸泡织物的方法，用于浸泡丝绸面料上，这也就是莨纱绸的前身。

如今的 90 后们，很难会选择买一件香云纱穿在身上去上班打卡，但是他们懂得欣赏。这种“复古的中式风”已经是各大时尚品牌最 in 的风格，或东方婉约美，或玩世不恭范儿，或女人味，或纨绔风。总之，这种神秘感是从质地本身冒出来的气质。一间香云纱的店里写着：“一块面料能存在多久，要看它所积累的故事，但愿它与我们一同经历时光……”

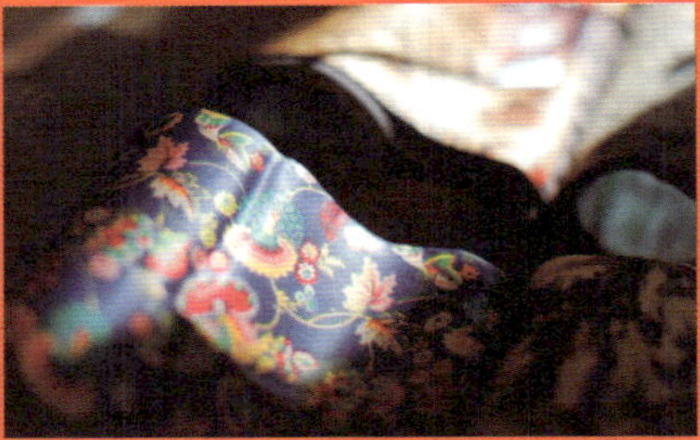

推荐买点

岭南天地苏萛记：香云纱专卖店，店铺非常小，进去仅容两人驻足欣赏，是不是特别符合香云纱的尊贵感？

香云纱基地：香云纱文化遗产保护基地、广东香云纱文化产业园区地处顺德区伦教，集保护、研发、生产、展示、环保教育、游览等于一体，可动手体验一把香云纱晾晒。

玉冰烧：肥猪肉酿酒不是闹着玩的

在佛山泡酒吧，你可能突然听到邻座妹子大喊一声：“饮杯玉冰烧，砍块大叉烧！”是的，简单来说就是“一块肥肉在玉壶”。别吓着，用肥猪肉酿酒不是突发奇想，这是一个佛山酒的百年老字号“陈太吉酒庄”的当家名酒——“玉冰烧”。

说到这里不得不跑个题，就像是香云纱，南粤尤其是佛山的女子，一直给人一种看似低调的温婉，她们似乎没有一个让你一眼就与其他城市的女人分辨开来的特质，但是如果你想到身着香云纱的肩、阳光下剪纸的手、唱粤剧时传情的眉眼，会发现佛山的女子柔中有韵，不烈且醇，正如佛山酒。

歪楼了，回来说酒。

清道光时期，莲塘人陈屏贤创建陈太吉酒庄，彼时已名扬南粤。第三代传人陈如岳考取翰林学士，做完官回到陈太吉酒庄潜心酿酒，终成广东名酒“玉冰烧”。所谓“玉冰烧”其实就是“肉冰烧”，前者的名字读起来更雅致。不然，你可以对比一下“一片冰心在玉壶”和“一杯酒里泡肥猪”的画风。但是，画风和口感往往是相背离的，依当时的

生活水平，猪肉其实是奢侈品，陈如岳尝试了“猪肉浸泡”的陈酿工艺，以猪肉吸附杂质，与酒液融合成独特的酒香，并醇化酒体。这样一来，酒味绵甜柔和，更加顺喉。

如今，陈太吉酒庄是广东地产酒中的百年老字号。

除了肥猪肉浸酒，佛山酒的另一大知名工艺，就是始创于清朝道光年间的九江双蒸酒，距今已有近200年历史，其酒要用两次发酵、重蒸而得。彼时的九江，有着“无需杏黄招客至，九江自古是酒乡”的美誉，而这份酒香，一直飘到了今天。

沽酒处

岭南酒文化博物馆： 就在佛山石湾，是陈太吉酒庄所在地。尽管有历史的厚重，但这座博物馆却很“小清新”，主打目前最好玩的“体验式”。宣传一种时尚的读历史、快乐喝酒的文化，集合了展览、参观、休闲、游乐、体验、纪念品与特产售卖。

佛山小物的慢时光

“从前的日色变得慢，车、马、邮件都慢，一生只够爱一个人。”

现在的我们步伐都快，车、高铁、飞机和快递都很快，没过半生已经忘记爱了几个人。

在连处理旧的小票都用碎纸机的年代，你还会用剪刀去剪一幅梅花吗？在这个女人需要有高跟鞋也有跑鞋，喝茶也喝酒，杀得入职场也静得下一个午后时光的时代，静静拿起刻刀镌纸，在阳光斜斜的照耀下

那个温婉如玉的女人，更有品味。

又歪楼了。正经的是要推荐这些“佛山小物”。

首先是800多岁的广东佛山剪纸，其源于宋代，盛于明清时期，从花鸟虫鱼、戏曲人物到民间故事各有千秋。当你在研究世界上各种产地和风味的芝士时，外国人已经在选购中国的剪纸礼品，甚至来佛山拜师了。

彩灯在佛山民间被称作“灯色”。佛山灯色扎作主要以竹篾、铁线等材料手工扎作成型后粘衬上各色丝绸布料、花边、彩穗，配衬上佛山特有的金碧辉煌的剪纸图案，或在丝绸上描绘诗画而成。

700多岁的佛山木版年画同样来自宋代，木版年画不是佛山的独创，中国有“四大木版年画”，除了佛山木版年画还有天津杨柳青、苏州桃花坞、山东潍坊。门神、年画、神像画都是其表现形式，以门神最为广泛。

毕竟，安居才能乐业，有家才有天下。

买点

佛山市民间艺术研究社：无论是佛山剪纸、佛山彩灯、佛山木版年画还是佛山陶艺，在这里你都能找到。佛山市民间艺术研究社是人文艺术旅游定点单位，有佛山最大的本土民间工艺品展销中心。

地址：禅城区文华北路 195 号

记账：

花了________________

买了________________

还想买______________

通关秘籍

盖个章 打个卡

盖个章 打个卡

第14章 CHAPTER

一起走过的路

未完待续

或长或短
走过一段佛山的旅程
无意间翻阅
你停留在了此页
精彩没有句点
这里藏着
诚意满满的彩蛋
不要错过
请继续——

影视城
仁寿寺
千灯湖
平洲玉器街
碧江金楼
东华里
周大福珠宝
文化中心
陈村花卉世界
会展中心景区
家具博览中心
逢简古村
清晖园
长鹿农庄
南国丝都
丝绸博物馆
李小龙故居

祖庙：是佛山最响亮的名片，它不仅是一座体系完整且具有浓厚地方特色的庙宇建筑，还包括了孔庙、黄飞鸿纪念馆、叶问堂等景点，是来佛山必须打卡的地方。

南风古灶：知道佛山多半从“陶都”开始，这里拥有全国一流的陶瓷艺术博物馆、陶瓷公园、陶瓷一条街以及绿洲孔雀园，每逢节假日，还有现场陶艺表演。

岭南天地：如果你喜欢逛成都的宽窄巷子，这里也会是你的心头好，现代化的手法改造的22幢文物建筑矗立在此，骑楼、镬耳墙、瓦脊、雕花屋檐、蜿蜒街尽收眼底，精品小铺、风味餐馆、咖啡店云集。

东华里：清朝名门望族的聚集之处，全长112米的骑楼街上，大宅院林立，是珠江三角洲乃至整个广东省保存最完整的清代城镇街道，全国重点文物保护单位。

梁园：岭南四大园林之一，岭南风格+江南园林的集合体，“十二石斋”“群星草堂”“汾江草庐”充满古韵，梁家是佛山书香门第的典范。

佛山（国际）家居博览城：禅城区澜石大桥脚，是集商品展示、设计、贸易、物流、仓储、信息、金融、餐饮于一体的顶尖家居殿堂，买（家具）、吃、逛一站搞定。

柏林艺术馆：在石湾陶醉文化街区，是中国工艺美术大师潘柏林先生归巢故土的艺术殿堂。馆内设有陶塑艺术品展厅、音乐休闲吧、花园等，是欣赏陶瓷艺术的好去处。

逢简水乡：堪称岭南水乡一绝，有“广东周庄”之称。水乡地处顺德区杏坛镇北端，水文资源极佳，绕村居水道逾10公里，在这里体验小桥流水泛舟，穿越千年古桥，赏百年祠堂，吃顺德小吃。门票免费。

长鹿农庄：全国农业旅游示范点，主要由“尖叫乐园”“动感玩水区”“农家乐主题公园”“童话动物世界”和“长鹿休闲度假村”等五大块组成，主要玩游

南海影视城
西樵山
祖庙
千灯湖公园
清晖园
佛山

在佛山不得不做的十件小事

有人说，人生很长，有些事情不用一次做完。在佛山慵懒的生活节奏里，时光很慢，岁月太短，我们总希望用最优化的方式，深度完成一次城市探索。年轻人，别急！做完这十件事，佛山将刻在你心上。

- 买一本《佛山情书》，用一种轻快的步伐丈量这座城市，画一条属于自己的行走线路
- 听一场粤剧，在独具韵味的唱腔中穿越千年的悲欢离合
- 看一场武术和醒狮表演，在拳脚功夫的硬气里感受武者仁义
- 到岭南天地的小巷子里转转，在青砖古瓦镬耳屋中喝一杯鸡尾酒
- 到古村落的民宿住一晚，在岭南水乡的清新中洗涤一下烦躁的心
- 捏一次石湾陶，用质朴的陶土创造全新的世界
- 吃一顿正宗顺德菜，让嘴巴和胃沉浸在厨师们精益求精的匠人情怀中
- 买一份非遗手信，剪纸、香云纱、木版年画……把最特色的佛山带回家
- 来一次工业游，在制造业大城的生产线上感受传统手艺与现代产业的碰撞
- 赴一场民俗盛会，行通济、秋色巡游、赛龙舟、生菜会……总有让你震撼的岭南味道

佛山话八级水平测试

旅游走四方，手机里存满了各地的美照，身后的拉杆箱里塞满了土特产。

有一种土特产叫方言，绝对是仅此一家，绝无分号。更重要的是，只要你脑袋灵活，舌头更灵活，那就能随便带多少都没问题，还不花钱。

佛山话属于粤语、广东话的范畴。粤语这种源于春秋战国时期的古汉语，是中国现存拥有最多古汉语元素的方言，共有九音，相比普通话的四音更显古色古香，所以在语调发音方面，难度不小。再加上本土文化的积淀和发展，佛山话中很多字词的意思在不同语境中也变化多端，一不小心可是随时会闹出笑话的。

不多说了，先来试试下面这份佛山话八级水平测试吧。

词语释义（每题 2 分，共 20 分）

1. 今晚天气冻，我哋去打边炉。打边炉的意思是（ ）

A. 给炉子生火　B. 放鞭炮　C. 涮火锅　D. 给炉子打火

2. 这件事很“盏鬼”。盏鬼的意思是（ ）

A. 恐怖的　B. 新奇的　C. 有趣的　D. 进口的

3. 这个人真的很“缩骨”。缩骨的意思是（ ）

A. 形容人很瘦　B. 形容人很穷　C. 形容人很吝啬　D. 形容人很小心、谨慎

晚上来点小龙虾

4. 这个人是个“大头虾”。大头虾的意思是（ ）

A. 基围虾的别称　B. 粗心大意　C. 头很大　D. 身材很好

5. 你唔好嬲啦。嬲的意思是（ ）

A. 生气　B. 左右为难　C. 受委屈　D. 二男共侍一妻

6. 一拳打出眼火，对面睇见牙烟。牙烟的意思是（ ）

A. 口吐白沫　B. 场面危险，令人担忧

C. 牙齿飞脱　D. 抽烟太多，牙齿发黄

7. 一睇就知道你食过夜粥。夜粥是什么意思（ ）

A. 练过功夫　B. 学过外语　C. 常吃宵夜　D. 做过生意

8. 你唔好带我游花园。游花园的意思是（ ）

A. 瞎逛　B. 瞎指挥　C. 兜圈子　D. 去旅游

9. 佛山人喜欢吃东西，但以下哪一样东西是真的可以吃的？

这个答案真……吐

A. 食死猫　B. 卖剩蔗　C. 蒸生瓜　D. 头啖汤

参考答案
CCCBA
BACDD

10. 以下哪个词语是褒义词？

A. 奄尖　B. 牙擦　C. 白霍　D. 省镜

情景对话（每题 3 分，共 15 分）

11. 甲：今晚喺我呢度食餐便饭啦。

乙：噉滚搅晒你嘞啰。

乙的意思是什么？

A. 那就打扰你了——很可能离开而不会留下吃饭

B. 我需要帮忙煮饭吗？

C. 我怕我吃得太厉害——但还是会留下吃饭

D. 那就打扰你了——但还是会留下吃饭

12. 甲：你晏昼打算去边啊？　乙：我想去图书馆啊。“晏昼”是什么意思？

A. 早上　B. 中午　C. 下午　D. 晚上

13. 甲：佛山嘅天气比较热，你可能唔系几惯。

乙：就系啰，我嚟嗰阵着两件冷衫，而家着一件恤衫就得喇。

冷衫的意思是？

不认字咋办？

A. 上衣　B. 毛衣　C. 棉袄　D. 衬衣

参考答案
DCBCD

14. 甲：唔好成日摊系度睇电视，出去行啦。

乙：今日真系好湿滞，唔想出去啊。“湿滞”是什么意思？

A. 天气很潮湿　B. 肠胃不舒服　C. 运气不佳，办事不顺　D. 事情太多，忙不过来

15. 甲：三点八个字系门口等，唔好迟到！

乙：我要迟两个字，你等等我。 乙要什么时候才能到门口？

A. 五点零七分 B. 三点零八分 C. 三点五十七分 D. 三点五十分

歇后语（每题 3 分，共 15 分）

16. “铁木真打仔”歇后语是？

A. 廿蚊任你睇 B. 大汗奄细汗 C. 唔好再扭计 D. 打你个小人头

17. “和尚担遮”歇后语是？

A. 好鬼骑呢 B. 无天理 C. 等天收 D. 无法无天

18. “阿茂整饼”歇后语是？

A. 整到你惊 B. 入面有钉 C. 无果样整果样 D. 要乜有乜

19. “单眼佬睇老婆”歇后语是？

A. 只眼开只眼闭 B. 左眼见到鬼 C. 无眼睇 D. 一眼睇晒

20. “隔夜油炸鬼”的歇后语是？

A. 不三不四 B. 人有我有 C. 冇晒火气 D. 唔得食

参考答案 BDCDC

词语搭配（10 分）

1 静 A. 振振

2 黑 B. 黚黚

3 黄 C. 鼆鼆

4 光 D. 黢黢

5 乌 E. 鸡鸡

参考答案 ECBAD

阅读理解题（每题 3 分，共 30 分）

（一）

顾客甲同顾客乙讲：“天时暑热，身水身汗。整支嘢饮下。”

铺头老板：“要水啊？边只牌子？……喂，蹿水啦！望咩望，你以为你乜水啊？！”

顾客甲问顾客乙：“喂，有冇带银啊？……唔系啊嘛？甘仲唔较脚散水？！”

问题：

1. 第一个“水”的意思是　2. 第二个“水”的意思是

3. 第三个“水”的意思是　4. 第四个“水”的意思是　5. 第五个“水”的意思是

（二）

甲：头先去商店买野，差 d 做左水鱼。

乙：点解呢？

甲：商店老细走左去偷鸡，叫只马仔睇档。马仔又唔够眼，38 蚊睇左 83 蚊。好彩我睇左下标价。

乙：所以啊，买野千祈唔好甘猴擒，淡定有钱剩。

问题：

6. “水鱼”是什么意思？　7. “偷鸡”是什么意思？

8. “马仔”是什么意思？　9. “猴擒”是什么意思？　10. “唔够眼”是什么意思？

口语题（10 分）

在 10 秒内以标准佛山话朗读完以下文字：

掘金掘桔掘金桔
掘龟掘根掘根骨
掘完根骨掘金桔
掘完龟骨轮鸡骨

出题的……给我站出来！
看我不……

参考答案
1. 汗水　2. 饮料　3. 钱
4. 本义是什么货色，引申义是什么人
5. 走人　6. 受骗被坑的人
7. 偷懒　8. 下属　9. 形容性子急
10. 眼花、视力不好

在佛山这些你应该知道

12345是佛山统一的便民服务热线

如果你有些不足以打110劳烦警察叔叔的困难，你可以选择打这个电话，如遗失、投诉或其他服务咨询，都能够得到及时解答。

佛山有免费公共Wi-Fi “W-FoShan”

走在佛山街头，如果你的手机能搜到“W-FoShan”的Wi-Fi信号，请大胆使用吧，因为那是免费的。你只需要使用手机号码登录，接收并输入验证码，就能实现快速上网。

佛山现有几万个公共场所免费Wi-Fi接入点，已经实现全市覆盖了。其中，禅城地区的信号为“W-FoShan.CC”，南海地区为“W-FoShan.NH”，顺德地区为“W-FoShan.SD”，三水地区为“W-FoShan.SS”，高明地区为“W-FoShan.GM”。

佛山公交地铁都能使用岭南通

“岭南通”是广东省内 21 个城市通用的交通卡，在佛山，一卡在手，就能乘坐全部公交车和地铁，还享有相应的折扣优惠。

广佛线是国内首条跨两城的地铁

广佛线目前设有 22 座车站，佛山境内开通 15 座，广州开通 7 座，完美接入广州地铁网络，实现广佛半小时交通圈。

广佛线佛山境内的地铁站，集中在禅城、南海和佛山新城，千灯湖站、桂城站、祖庙站都是繁华商业区和景点。

全国首个“全球城市开放空间大奖”颁给了千灯湖

2015 年，南海的千灯湖获得了全球景观设计行业的“奥斯卡”奖——“全球城市开放空间大奖”，成为中国首个荣获该奖项的项目。作为一个人工湖项目，8.8 万平方米的湖面承载了太多城市绿洲的元素，成为休闲玩乐的地标。

白天在湖上划个小船，晚上在湖边的酒吧街喝个小酒，谁说逛市政公园很无聊的？

要买手信和土特产，景点周边都有

作为吃货，一不小心就会沉迷在佛山的小吃里，硼砂、牛乳、盲公饼……作为手信带给朋友最实在了。这些小吃在各大超市都有，著名景点周边的“佛山公”特产店，有更齐全的品类可供选择，价格实惠。

其他非遗类、手工艺品的手信，可以在佛山民间艺术社的展厅选购，毕竟齐全嘛。香云纱最好在专门店购买，岭南天地、顺德伦教香云纱博物馆都能够买到。

商场十里，血拼等你

在佛山，能激活你的一颗血拼的心的，那必须是桂澜路的十里商贸长廊。这条路上有近 10 家大型商场，包括万达百货、万科广场、中海寰宇天下等，商场风格各有特色，而且都配备完善的餐饮、电影院等功能，让你的夜生活不无聊。

不是打卡那么简单的线路

【佛山文脉】

西樵山礼佛、祖庙游玩、

顺德逢简水乡两天自驾游

【线路特色】

走访千年文脉，感受岭南周庄

【行程参考】

DAY1:

出发—西樵山—午餐—南风古灶—祖庙—文华公园

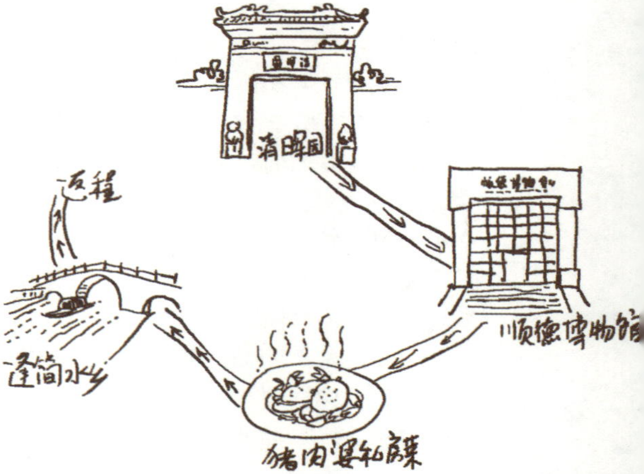

DAY2:

清晖园—顺德博物馆—

猪肉婆私房菜—逢简水乡—返程

【佛山韵味】

莲塘古村、祖庙、梁园一天自驾游

【线路特色】

品味古典建筑之美，发现民间艺术魅力

【行程参考】

出发—莲塘古村—祖庙—梁园—返程

【文化顺德】

李小龙祖居，李小龙乐园一天自驾游

【行程参考】

出发—李小龙祖居—李小龙乐园—返程

【魅力佛山】

顺德逢简水乡、南海烟桥古村、三水大旗头古村三天游

【线路特色】

田园水乡古村全接触

生态休闲美食新体验

【行程参考】

DAY1:

出发—南国丝都丝绸博物馆—午餐—逢简水乡—晚餐

DAY2:

国艺影视城—午餐—烟桥古村—九江双蒸博物馆—全酒宴

DAY3:

三水侨鑫生态园—午餐—大旗头古村—返程

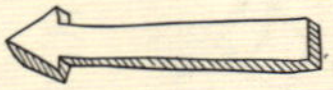

全市 A 级景区名录

全市共 20 家 A 级景区，2 家 5A，14 家 4A，4 家 3A

景区等级	景区名称	咨询电话（区号 0757）	地址
5A	西樵山风景名胜区	400-111-9288	南海区西樵镇登山大道
5A	长鹿旅游休博园	27331111 27331088	顺德区伦教三洲建设东路 8 号
4A	祖庙博物馆	82221680	禅城区祖庙路 21 号
4A	南风古灶旅游区	82701118	禅城区石湾镇高庙路 6 号
4A	佛山（国际）家居博览城	83868888	禅城区佛山大道 189 号澜石大桥脚
4A	南海湾（西岸）森林生态园	86801203	南海区西樵镇西岸
4A	平洲玉器街	88777955	南海区桂城街道永安路
4A	中央电视台南海影视城	85233238	南海区狮山镇松岗影视城大道
4A	清晖园	22226196	顺德区大良街道清晖路 23 号清晖园管理处
4A	陈村花卉世界	23832898	顺德区陈村花卉世界牡丹路 28 号

景区等级	景区名称	咨询电话（区号 0757）	地址
4A	罗浮宫国际家具博览中心	28839999	顺德区 121 省道乐从路段罗浮宫国际家具博览中心景区
4A	乐从国际会展中心景区	29236301	顺德区乐从镇乐从大道路南 1—2 号
4A	皂幕山景区	89932129	高明区杨和镇杨梅井头（皂幕山景区游客接待中心）
4A	盈香生态园	88866211	高明区荷城街道西安冼村
4A	三水荷花世界	87755303 87751608	三水区西南街道南丰大道荷花世界
4A	三水森林公园	87811848	三水区云东海大道森林公园发展公司
3A	柏林艺术馆	82728322	禅城区跃进路 11 号
3A	周大福珠宝文化中心	22815080	顺德区伦教镇伦福路 1—3 号
3A	顺德逢简村水乡	27381186	顺德区杏坛逢简村
3A	南国丝都丝绸博物馆	22826205	顺德区观绿路 3 号

佛山市星级饭店备案表

星级	饭店名称	地址	总机电话（区号 0757）
5 星	佛山宾馆（佛山皇冠假日酒店）	禅城区汾江南路 75 号	82368888
5 星	保利洲际酒店	南海区灯湖东路 20 号	86268888
5 星	金太阳酒店	三水区西南广海大道东 6 号	87783333
5 星	三水花园酒店	三水区广海大道中 39 号	87799999
5 星	高明碧桂园凤凰酒店	高明区碧桂大道三洲碧桂园	88611111
5 星	绿湖温泉度假酒店	三水区森林公园内绿湖山庄 2 号	88526666
5 星	恒安瑞士大酒店	禅城区城门头西路一号	82362888
5 星	哥顿酒店	顺德区容桂大道中 38 号	28386888
5 星	财神酒店	顺德区乐从镇乐从大道东 82 号	28838888
5 星	华美达酒店	顺德区北滘镇林上路 2 号	22398888
4 星	金城大酒店	禅城区汾江南路 48 号	83357228
4 星	佳宁娜大酒店	禅城区祖庙路 14 号	82223828
4 星	中恒金都酒店	禅城区罗村机场路 1 号	85558328
4 星	凯迪威酒店	三水区乐平镇乐平大道 35 号	87393983

星级	饭店名称	地址	总机电话（区号 0757）
4 星	新世界酒店	顺德区大良清晖路 150 号	22218333
4 星	仙泉酒店	顺德区大良顺峰山路段	22328333
4 星	碧桂园度假村	顺德区北滘镇碧江大桥侧	26632228
4 星	碧桂花城大酒店	顺德区陈村镇佛陈大桥侧碧桂花城内	23836688
4 星	福盈酒店	顺德区大良环市北路 38 号	22330338
4 星	新君悦酒店	顺德区陈村镇佛陈路口	23836888
4 星	鹿茵酒店	顺德区容桂桂洲大道中 1 号	28321688
4 星	君莱酒店	顺德区大良鉴海南路 14 号	22608888
4 星	君豪酒店	顺德区容桂镇容奇大道中 24 号	28387888
4 星	骏景酒店	顺德区均安镇翠湖路 2 号	25508888
4 星	皇帝酒店	顺德区大良锦龙路 118 号	22270888
3 星	旋宫酒店	禅城区祖庙路 1 号	82285622
3 星	石湾宾馆	禅城区汾江西路 15 号	83328813

星级	饭店名称	地址	总机电话（区号 0757）
3 星	鸿运酒店	禅城区汾江中路	82230000
3 星	金银酒店	禅城区汾江西路	83350239
3 星	登喜来大酒店	禅城区文华北路 77 号	82803188
3 星	西樵山大酒店	南海区西樵山白云洞风景区内	86886799
3 星	南海迎宾馆	南海区桂城天佑四路 5 号	86336888
3 星	恒威大酒店	高明区河江工业区泰华路 238 号	88222111
3 星	君悦大酒店	南海区九江镇儒林东路口	86552238
3 星	百盛达商务酒店	南海区桂城海六路 4 号	86311111
3 星	中旅华厦酒店（原三水华侨大厦）	三水区西南镇新华北路 54 号	87802279
3 星	君悦酒店（原三水宾馆）	三水区西南街道健力宝南路 5 号	87773888
3 星	恒福星际酒店	三水区新华路 23 号	87728888
3 星	三水阳光假日酒店	三水区西南街道三达路 16 号	87812888

星级	饭店名称	地址	总机电话（区号 0757）
3 星	世纪星酒店	高明区文华路 455 号	88886633
3 星	明苑迎宾馆	高明区荷城文匯路 9 号	88232222
3 星	容莲宾馆	顺德区容桂镇江南大道 23 号	28386333
3 星	高陞酒店	顺德区北滘镇五长沙十八号	26333388
3 星	帝庭酒店	顺德区勒流镇银城路 23 号	25336688
3 星	长鹿度假酒店	顺德区伦教三洲建设东路 8 号	27331111
2 星	联昌大酒店	高明区荷城区沧江路 89 号	88886888
2 星	豪泉酒店	顺德区乐从镇 325 国道水藤路段	28333333
2 星	凯逸酒店	顺德区乐从镇广湛公路新隆路口	28918883 28918882
2 星	大绅酒店	顺德区乐从镇大新家私立城 A 座	28335555
2 星	雅苑酒店	顺德区乐从兴乐路	28336238

2015 年度全国百强旅行社（佛山）

序号	旅行社名称	经营地址	旅行社联系电话（区号 0757）
1	广东顺之旅国际旅行社有限公司	顺德区大良南国中路顺之旅大厦	22336888
2	佛山市中旅国际旅行社有限公司	禅城区祖庙路 14 号 1 座	82629292
3	佛山市口岸国际旅行社有限公司	顺德区大良镇环市东路康湖名苑商厦南座六楼 A 之一	22600080
4	佛山国旅国际旅行社有限公司	禅城区汾江中路 114—118 号	83999880
5	佛山市禅之旅国际旅行社有限公司	禅城区佛山大道北 169 号首层、二层	82963080
6	佛山市南湖国际旅行社股份有限公司	禅城区汾江中路侨苑新村二栋二楼之二	82320207

《佛山情书》主创团队

编委会主任

俞　进

编委会副主任

邓灿荣　陈新文　蒋　庆　南策炳　潘文升

执行统筹

关婉灵　吴　曦　何惠文　游曼妮　尹冀鲲　关健明

主创团队

南方都市报佛山新闻部

版面设计

张　博　黄　丹

插画

陈　婷　林军明　金国华　张许君

摄影

郑　仲（除署名外）

图片支持

林福江　梁　平　李　蕴　陈健行　杨树妹　喻书琴

杨耀桐　周　科　谭杰才　弹指间行

（部分景区提供资料图片未能具名，请拍摄者与出品方联系）

荣誉出品

佛山市旅游局

佛山市文化广电新闻出版局

南方都市报社

图书在版编目（CIP）数据

佛山情书/《佛山情书》主创团队著. — 广州 ：南方日报出版社，2017.9（2022.4重印）
ISBN 978-7-5491-1752-9

Ⅰ. ①佛… Ⅱ. ①佛… Ⅲ. ①旅游指南－佛山 Ⅳ. ①K928.965.3

中国版本图书馆CIP数据核字（2017）第228115号

佛山情书

FOSHAN QINGSHU

著　　者：《佛山情书》主创团队
出 版 人：周山丹
责任编辑：佃燕婉
责任技编：王　兰
责任校对：阮昌汉
出版发行：南方日报出版社
地　　址：广州市广州大道中289号
经　　销：全国新华书店
印　　刷：广州市岭美文化科技有限公司
开　　本：889mm×1194mm　1/32
印　　张：9.375
字　　数：250千字
版　　次：2017年9月第1版
印　　次：2022年4月第6次印刷
定　　价：48.00

投稿热线：（020）87360640　读者热线：（020）87363865
网址：http：//www.nanfangdaily.com.cn/press　http：//www.southcn.com/ebook
发现印装质量问题，影响阅读，请与承印厂联系调换。